David Hume

Investigação sobre o Entendimento Humano

DAVID HUME

INVESTIGAÇÃO SOBRE O ENTENDIMENTO HUMANO

TEXTO INTEGRAL

Tradução
André Campos Mesquita

Lafonte

Título original: An Enquiry Concerning Human

Direção Editorial *Sandro Aloísio*
Organização Editorial *Ciro Mioranza*
Tradução *André Campos Mesquita*
Diagramação e Capa *Eduardo Nojiri*
Imagem Ilustração de *Eduard Gurevich / Shutterstock.com*
Revisão *Nazaré Baracho e Suely Furukawa*
Produção Gráfica *Giliard Andrade*

Dados Internacionais de Catalogação na Publicação (CIP)
(Câmara Brasileira do Livro, SP, Brasil)

Hume, David, 1711-1776
Investigação sobre o entendimento humano / David Hume ; tradução André Campos Mesquita. -- São Paulo : Lafonte, 2017.

Título original: An enquiry concerning human.
"Texto integral"
ISBN 978-85-8186-258-3

1. Conhecimento - Teoria I. Título.

17-11767 CDD-192

Índices para catálogo sistemático:

1. Hume : Obras filosóficas 192

Direitos de edição em língua portuguesa, para o Brasil, adquiridos por Editora Lafonte Ltda.

Av. Profa. Ida Kolb, 551 – 3º andar – São Paulo – SP – CEP 02518-000
Tel.: 55 11 3855-2286
atendimento@editoralafonte.com.br • www.editoralafonte.com.br

Índice

Investigação sobre o Entendimento Humano

SEÇÃO I

DAS DIFERENTES CLASSES DE FILOSOFIA

[1] A ÉTICA[1], ou a ciência da natureza humana, pode ser tratada de duas formas diferentes; cada uma delas tem seu mérito particular, e pode contribuir para o entretenimento, instrução, e reforma de humanidade. A primeira trata o homem como nascido principalmente para a ação e como influenciado em suas medidas por gosto e sentimentos, procurando um objeto, e evitando outro, de acordo com o valor que esses objetos parecem possuir, e de acordo com a luz em que eles se apresentam. Como a virtude, dentre todos os objetos, é considerado o mais valioso; filósofos dessa espécies a pintam com cores mais amáveis, tomando emprestado toda a ajuda da poesia e da eloquência, e tratando o assunto de maneira fácil e óbvia, sendo mais fácil agradar a imaginação e cativar os afetos. Eles selecionam as observações

[1] O termo "ética" foi preferido nesta tradução à "filosofia da moral".

mais notáveis e exemplos de vida comum; dispõem caracteres opostos para obter um contraste favorável; e nos fascinam nos caminhos da virtude por meio de visões de glória e felicidade, dirigem nossos passos nesses caminhos pelos mais sãos preceitos e pelos mais ilustres exemplos. Eles nos fazem sentir a diferença entre vício e virtude; eles excitam e regulam nossos sentimentos; e podem assim guiar nossos corações para o amor da probidade e da verdadeira honra, e pensam que atingiram completamente o fim de toda sua labuta.

[2] A outra espécie de filósofos considera que o homem se guia mais à luz da razão em vez da ação, e busca para formar seu entendimento em vez de lhe aperfeiçoar os costumes. Eles consideram a natureza humana como tema de especulação; examinam-na com rigoroso cuidado a fim de encontrar os princípios que regulam nossa compreensão, excitam nossos sentimento e nos fazem aprovar ou condenar qualquer objeto, ação, ou comportamento particular. Censuram toda a literatura por a filosofia ainda não ter fixado, além da controvérsia, as bases da moralidade, raciocínio e crítica; e deva falar sempre de verdade e falsidade, vício e virtude, beleza e feiúra, sem ser capaz de determinar a origem dessas distinções. Enquanto tentarem realizar essa árdua tarefa, eles não serão intimidados por nenhuma dificuldade, transformando exemplos particulares em princípios gerais, e dirigem ainda mais suas investigações para princípios mais gerais; e não se satisfazem até que cheguem a esses princípios originais. Embora suas especulações pareçam abstratas, e até mesmo ininteligíveis para leitores comuns, objetivam a aprovação dos mais instruídos; e se sentem suficientemente recompensados pelo esforço de toda a existência se puderem descobrir algumas verdades ocultas que possam contribuir para o esclarecimento da posteridade.

[3] É certo que a filosofia fácil e óbvia terá sempre a preferência dos homens sobre a filosofia exata e abstrusa; e por muitos será recomendada, não só como mais agradável, mas mais útil. Penetra mais na vida cotidiana, acomoda o coração e os afetos e, ao atingir os princípios que estimulam os homens, reforma-lhes a conduta e aproxima-os mais do modelo de perfeição que ela descreve. Ao

contrário, a filosofia abstrusa, sendo fundada em uma compreensão que não pode adentrar na vida prática e na ação, desaparece quando o filósofo sai da sombra e penetra no dia claro, nem seus princípios podem manter facilmente qualquer influência sobre nossa conduta e nosso comportamento. Os sentimentos de nosso coração, a agitação de nossas paixões e a veemência de nossas afeições, dissipam todas as suas conclusões e reduzem o filósofo profundo a um simples plebeu.

[4] Também é preciso ser dito que a filosofia fácil adquiriu a mais estável como também a mais justa fama, e que os pensadores abstratos, por enquanto, têm apenas desfrutado de uma reputação momentânea, surgida do capricho ou da ignorância de sua própria época, mas eles não conseguiram sustentar sua fama diante do juízo equitativo da posteridade. É fácil para um filósofo profundo cometer um erro em seus mais sutis pensamentos, e um erro é basicamente suscitado por outro, já que ele o desenvolve até suas últimas consequências e não é dissuadido a abraçar uma conclusão de aparência incomum ou por ser contrária à apreciação popular. Mas um filósofo que se propõe representar apenas o sentimento banal da humanidade nas mais belas e mais agradáveis cores, se por acaso cai em erro, recorre novamente ao senso comum e aos sentimentos naturais do espírito e desse modo volta ao caminho certo e se esconde das ilusões perigosas. A fama de Cícero floresce no presente, mas a de Aristóteles está inteiramente decadente. La Bruyére cruzou os mares e ainda mantém sua reputação; entretanto, a glória de Malebranche está limitada à sua própria nação e à sua própria época. Addison, quem sabe, será lido com prazer quando Locke estiver completamente esquecido.

[5] O filósofo puro é um personagem comumente pouco aceito no mundo, pois inicialmente se supõe que ele não contribui em nada para o benefício ou para o prazer da sociedade, já que vive afastado de toda comunicação com os homens e envolvido em princípios e noções igualmente remotas à sua compreensão. Por outro lado, o ignorante puro é ainda mais desprezado, já que, em uma época em que florescem as ciências, não há sinal mais claro de estreiteza de espírito do que não se interessar por esses nobres

entretenimentos. O caráter mais perfeito está supostamente entre estes dois extremos: mantém igual aptidão e gosto pelos livros, pelo convívio social e pelos negócios; mantém na conversação discernimento e delicadeza que brotam da cultura literária; nos negócios, a integridade e o rigor que naturalmente são resultados de uma filosofia conveniente. Para difundir e cultivar um caráter aprimorado, nada pode ser mais útil do que as composições de estilo e maneira fáceis, que não se distanciam muito da vida, que não exigem aplicação profunda ou retraimento para serem compreendidas e que mandam o estudante de volta para o cerne da humanidade, cheio de nobres sentimentos e de sábios preceitos, aplicáveis em todas as situações da vida humana. Através dessas composições, a virtude se torna amável, a ciência agradável, a companhia instrutiva e a solidão um entretenimento.

[6] O homem é um ser racional e, como tal, recebe da ciência sua nutrição e seu alimento adequados: mas são tão estreitos os limites do entendimento humano que se pode esperar pouca satisfação nesse particular, tanto pela extensão como pela segurança de suas aquisições. O homem é um ser sociável assim como é racional. Contudo, nem sempre pode desfrutar de uma companhia agradável e divertida ou conservar para ela o seu devido deleite. O homem também é um ser ativo, e essa tendência, do mesmo modo que as diversas necessidades da vida humana, o submete fundamentalmente aos negócios e às ocupações: no entanto, a mente necessita de algum descanso, já que não pode manter sempre sua tendência para a preocupação e os negócios. Parece, então, que a natureza determinou uma espécie mista de vida como a mais adequada à espécie humana, e que secretamente advertiu os homens para que não admitissem a nenhuma dessas tendências arrastá-los em excesso, de tal modo que os torne incapazes para outras ocupações e entretenimentos. "Satisfaça sua paixão pela ciência", diz ela, "mas faça com que sua ciência seja humana, de tal modo que possa ter uma relação direta com a ação e a sociedade. Eu proíbo o pensamento abstruso e as pesquisas profundas; irei puni-lo severamente pela melancolia que eles introduzem, pela incerteza sem fim que o envolvem e pela fria recepção que seus falsos descobrimentos encontrarão

quando comunicados. Seja um filósofo, mas, no meio de toda sua filosofia, não deixe de ser um homem".

[7] Se, geralmente, a humanidade se contentasse em preferir a filosofia fácil à abstrata e profunda, sem censurar ou desfavorecer essa última, não seria, quiçá, inadequado, concordar com este conceito geral e permitir a cada homem o direito de desfrutar livremente de seu próprio gosto e sentimento. Mas, como esse ponto é frequentemente, levado mais adiante, até a total rejeição de todo raciocínio profundo, ou o que é comumente chamado metafísica, examinaremos agora o que se pode considerar razoável diligenciar em seu favor.

[8] Podemos começar observando que uma considerável vantagem que resulta da filosofia abstrata e acurada consiste em sua utilidade para a filosofia fácil e humana, a qual, sem a primeira, nunca poderia alcançar grau suficiente de exatidão em seus sentimentos, preceitos ou raciocínios. Todas as belas-letras não são outra coisa que retratos da vida humana em várias atitudes e situações, que nos geram diferentes sentimentos de louvor ou de censura, de admiração ou de chacota, de acordo com as qualidades dos objetos que elas colocam diante de nós. Um artista estará mais bem caracterizado para o triunfo em seu empreendimento se este possui, além de gosto refinado e da rápida compreensão, um conhecimento primoroso das estruturas internas do corpo, das operações do entendimento, do funcionamento das paixões e das diferentes espécies de sentimentos que assinalam o vício e a virtude. Por mais árdua que se apresente essa pesquisa ou investigação interna, ela se torna, em determinada medida, indispensável aos que quiserem descrever com sucesso as aparências óbvias e exteriores de vida e maneiras. O anatomista apresenta aos olhos os mais hediondos e desagradáveis objetos, mas sua ciência é útil ao pintor, quando este desenha até mesmo uma Vênus ou uma Helena. Enquanto o pintor usa as cores mais ricas de sua arte e dá às suas figuras o aspecto mais agradável e atraente, deve ainda dirigir sua atenção para a estrutura interna do corpo humano: a posição dos músculos, o aparelho ósseo e a forma e função de cada parte ou órgão. Em todos os casos, a exatidão é cara à beleza

e o raciocínio justo, ao sentimento delicado. Em vão poderíamos exaltar uma em detrimento do outro.

[9] Podemos, ainda, observar em todas as artes ou profissões, até mesmo aquelas que mais têm relação com a vida ou com a ação, que um espírito rigoroso, por qualquer meio adquirido, as conduz mais perto da perfeição e as faz mais úteis aos interesses da sociedade. Um filósofo, muito embora possa viver além dos negócios, o gênio da filosofia, se cuidadosamente cultivado por alguns, difunde-se gradualmente por toda a sociedade e confere a todas as artes e profissões igual correção. O político irá adquirir mais presciência e sutileza na divisão e no equilíbrio do poder, o advogado, mais método e princípios mais sutis em seus juízos, o general, mais regularidade em sua disciplina, mais atenção em suas manobras e operações. A maior estabilidade dos governos modernos em relação aos antigos e a exatidão da filosofia moderna têm melhorado, e provavelmente irão melhorar mais ainda, por gradações similares.

[10] Se não existisse nenhuma vantagem a ser adquirida desses estudos, além da satisfação de uma curiosidade infantil, ainda assim esse resultado não necessitaria ser deixado, pois ele se acrescenta aos escassos prazeres seguros e inofensivos que são conferidos à humanidade. O caminho mais doce e inofensivo da vida passa pelas avenidas da ciência e do saber; e, quem quer que possa remover quaisquer obstáculos desta via ou abrir uma nova perspectiva, deve ser considerado um benfeitor da humanidade. Embora essas pesquisas possam parecer árduas e fatigantes, ocorre aqui como com certos espíritos ou com certos corpos que, por estarem dotados de grande vitalidade, necessitam de exercícios severos e colhem prazer naquilo que, para a maioria dos homens, parece penoso e laborioso. A obscuridade é, de fato, penosa tanto para o espírito como para os olhos; todavia, trazer luz da obscuridade, por mais trabalhoso que seja, deve ser agradável e regozijante.

[11] Objeta-se, apesar disso, que obscuridade da filosofia profunda e abstrata não é apenas dura e cansativa, como é ainda fonte inevitável de incerteza e de erro. Esta é, na verdade, a objeção mais

justa e mais aceitável contra uma parte considerável da metafísica, que não forma propriamente uma ciência, mas brota tanto pelos esforços estéreis da vaidade humana que queria penetrar em recintos totalmente inacessíveis à inteligência humana, como pelos artifícios das superstições populares que, incapazes de se defenderem lealmente, arquitetam essas sarças emaranhadas para cobrir e proteger suas fraquezas. Esses salteadores, quando caçados em campo aberto, fogem para a floresta e se colocam de ardil para surpreender toda avenida desguarnecida da mente, a fim de dominá-la com medos e preconceitos religiosos. O antagonista mais arrojado é, por um momento, subjugado, se suspende sua guarda. Muitos por covardia e tolice abrem os portões para os inimigos e voluntariamente os recebem com reverência e submissão como se fossem seus soberanos legítimos.

[12] Este é, contudo motivo suficiente para que os filósofos abandonem tais pesquisas e deixem para sempre a superstição em posse de seu refúgio? Não é mais conveniente tirar uma conclusão contrária e perceber a necessidade de conduzir a guerra no mais secreto abrigo do inimigo? Em vão esperamos que os homens, em virtude de frequentes decepções, abandonem finalmente essas ciências etéreas e descubram o verdadeiro campo da razão humana. De fato, além de muitas pessoas se empenharem sensatamente em repetir sempre iguais ponderações, além disso, digo, nunca há razão nas ciências para o desespero; embora os esforços anteriores tenham falhado, há ainda esperança de que a diligência, a fortuna ou a sagacidade apurada por gerações sucessivas possam alcançar descobertas desconhecidas das épocas anteriores. Todo espírito aventureiro se lançará para a conquista do difícil prêmio e se verá mais estimulado do que desencorajado pelas falhas de seus predecessores, porquanto espera que a glória de terminar uma aventura tão difícil lhe é reservada. O único método para libertar de vez o saber dessas questões abstrusas consiste em examinar seriamente a natureza do entendimento humano e mostrar, por meio de uma análise exata de suas faculdades e capacidades, que ela não é, de nenhuma maneira, adequada a assuntos tão remotos e abstrusos. Devemos submeter-nos a essa fadiga a fim de viver tranquilos todo o resto do tempo, e devemos cultivar

a verdadeira metafísica com cuidado para destruir a metafísica falsa e adulterada. A indolência que, para alguns, oferece proteção contra essa filosofia enganadora é para outros superada pela curiosidade; e o desespero que em alguns momentos prevalece pode ser seguido de grandes esperanças e de expectativas otimistas. O raciocínio exato e justo é o único remédio universal adequado a todas as pessoas e aptidões, o único capaz de destruir a filosofia abstrusa e o jargão metafísico que, mesclados com a superstição popular, se tornam, por assim dizer, impenetráveis aos pensadores descuidados e se afiguram como ciência e sabedoria.

[13] Após a investigação deliberada, além do benefício de rejeitar o aspecto mais incerto e desagradável do conhecimento, há muitas vantagens que resultam de uma inquirição exata dos poderes e das faculdades da natureza humana. É interessante que as operações da mente, não obstante mais profundamente ligadas a nós, surjam envoltas em obscuridade sempre que se tornam objeto da reflexão e a visão é inábil de discernir com facilidade as linhas e os limites que as separam e as distinguem. Os objetos são muito tênues para permanecer sob o mesmo aspecto ou situação por um longo tempo, devendo ser apreendidos num instante por uma elevada perspicácia recebida da natureza e desenvolvida pelo hábito e pela reflexão. Assim, apenas conhecer as diferentes operações do espírito, sua separação, sua classificação em categorias adequadas e a correção da aparente desordem em que se encontram constituem uma parte razoável da ciência, na medida em que são aceitas como objeto da reflexão e da pesquisa. Essa empreitada de organização e de distinção, que não tem importância quando relacionada aos corpos externos que são os objetos de nossos sentidos, aumenta de valor quando se dirige às operações da mente, em proporção à dificuldade e ao esforço que encontramos ao realizá-la. Ao ficarmos impossibilitados de prosseguir nessa geografia mental ou no delineamento das diferentes partes e faculdades da mente, ao menos será satisfatório chegar até lá; por mais evidente que essa ciência possa parecer – e de jeito nenhum o é – mais desprezível ainda deve ser considerada sua ignorância por todos aqueles que almejam o saber e a filosofia.

[14] Não há dúvida de que essa ciência é incerta e ilusória, a não ser que nos mantenhamos de um tal ceticismo que derrube totalmente toda especulação e mesmo toda ação. Não há dúvida de que o espírito é dotado de diversos poderes e faculdades, que esses poderes são distintos uns dos outros, que o que é realmente diferente de imediato para a percepção pode ser discernido pela reflexão e, por conseguinte, em todas as proposições que se referem a este tema há uma verdade e uma falsidade que não estão fora do alcance do entendimento humano. Há diversas distinções óbvias desse gênero, como aquelas que existem entre a vontade e o entendimento, a imaginação e as paixões, que podem ser compreendidas por toda a humanidade. As distinções mais sutis e mais filosóficas não são menos reais e certas, embora mais difíceis de ser compreendidas.Alguns modelos, especialmente recentes, de êxitos conseguidos nessas pesquisas nos podem dar uma noção mais justa da certeza e da solidez desse ramo do saber. Ora, estimaremos precioso o esforço de um filósofo que nos dá um verdadeiro sistema dos planetas e estabelece a posição e a ordem de corpos celestes remotos, enquanto desdenhamos aqueles que, com igual êxito, determinam as partes do espírito que nos dizem respeito tão de perto?

[15] Não podemos, contudo, esperar que a filosofia, se cultivada e encorajada com rigor pela atenção do público, possa levar suas dúvidas ainda mais adiante e descubra, pelo menos em parte, as fontes e os princípios secretos que guiam a mente humana em suas operações? Os astrônomos se contentaram por muito tempo em provar, com base em fenômenos, o movimento verdadeiro, a ordem e a grandeza dos corpos celestes até que surgiu um filósofo que, munido de um raciocínio certeiro, parece haver determinado também as leis e forças que dirigem e governam os movimentos dos planetas. E não há razão para temer que não tenhamos o mesmo êxito em nossas investigações sobre a organização e as faculdades mentais, quando feitas com igual aptidão e atenção. É admissível que uma operação e um princípio da mente dependam de outra operação e de outro princípio que, por seu turno, possam se reduzir a outra operação e a outro princípio mais genérico e mais universal. E será muito difícil para nós determinar exatamente até que ponto

é possível levar nossas investigações, antes – e mesmo depois – de um exame criterioso. É verdade que tentativas como essa são feitas diariamente, mesmo por aqueles que filosofam com negligência. E nada pode ser mais necessário que ingressar no empreendimento com o máximo cuidado e atenção, de modo que, se está ao alcance da compreensão humana, pode ser levado a termo com felicidade, e, se não está, pode ser rejeitado com alguma confiança e segurança. Esta última conclusão, certamente, não é desejável e não se deveria aceitá-la com muita precipitação. Porque, se assim fosse, em quanto deveríamos diminuir a beleza e o valor dessa classe de filosofia? Até agora, os moralistas estão habituados, quando consideram a multiplicidade e a diversidade das ações que despertam nossa aprovação ou nossa repulsa, a procurar um princípio comum do qual poderia depender essa variedade de opiniões. E, embora tenham às vezes levado o assunto demasiado longe devido à sua paixão por algum princípio geral, é preciso reconhecer que, sem dúvida, são desculpáveis quando esperam encontrar alguns princípios gerais, aos quais com justiça se poderiam reduzir todos os vícios e virtudes. Os esforços dos críticos têm sido análogos, dos lógicos e mesmo dos políticos; nem têm sido suas tentativas completamente malogradas, embora com o correr do tempo, com maior exatidão e aplicação mais zelosa, possam aproximar ainda mais essas ciências de sua perfeição. Renunciar imediatamente a todas as pretensões desse tipo pode ser julgado justamente como uma conduta mais impetuosa, mais precipitada e mais dogmática do que a mais confiante e a mais afirmativa das filosofias, que nunca tentou impor aos homens seus preceitos e princípios incompletos.

[16] Que importância há se esses raciocínios sobre a natureza humana pareçam abstratos e de difícil entendimento? Isso não nos induz a nenhuma pressuposição sobre sua falsidade. Pelo contrário, é improvável que o que tem fugido até agora a tantos filósofos sábios e profundos seja muito fácil e evidente. Sejam quais forem os sofrimentos que essas pesquisas possam nos custar, podemos nos considerar suficientemente recompensados, não apenas em matéria de utilidade, mas por puro prazer, se pudermos dessa maneira aumentar nosso acervo de conhecimento acerca de assuntos de tão indiscutível importância.

[17] Mas como, enfim, o caráter abstrato dessas especulações não as recomendam, mas lhes são desvantajosas, e como essa dificuldade pode por vezes se superar com astúcia e arte, por evitar todo detalhe inútil, nós temos tentado, na inquirição que segue, lançar alguma luz sobre temas a propósito dos quais se têm mostrado os sábios, até agora, desanimados pela incerteza, e os ignorantes, pela obscuridade. Ficaríamos felizes se pudéssemos unir as fronteiras das diferentes correntes de filosofia, reconciliando a investigação profunda com a clareza e a verdade com a originalidade. E mais felizes ainda se, raciocinando dessa maneira fácil, pudéssemos destruir os fundamentos da filosofia abstrusa, que até agora apenas parece haver servido de refúgio à superstição e de abrigo ao erro e ao absurdo.

Seção II

A origem das ideias

[1] Cada um prontamente irá admitir que existe uma diferença razoável entre as percepções da mente, quando uma pessoa sente a dor do calor excessivo ou o prazer do calor moderado, e quando depois, em sua memória, recorda esta sensação ou a antecipa com sua imaginação. Essas faculdades são capazes de imitar ou copiar as percepções dos sentidos, entretanto nunca poderão alcançar integralmente a eficácia e a intensidade da verdadeira sensação. Mesmo quando atuam com seu maior vigor, o máximo que podemos dizer sobre elas é que representam seu objeto tão verdadeiramente que quase podemos dizer que o vemos ou que o sentimos. No entanto, a menos que a mente esteja perturbada por doença ou loucura, nunca chegam a tal grau de veracidade que não seja possível discernir as percepções dos objetos em si. Apesar de admiráveis, todas as cores da poesia não podem pintar os objetos naturais de modo que se tome a descrição pela

paisagem real. O pensamento mais vivo é sempre inferior à mais remota sensação.

[2] É possível observarmos uma distinção igual em todas as outras percepções da mente. À mercê dum ataque de cólera, um homem é estimulado de modo muito diferente da de outro que apenas pensa nessa emoção. Se me disser que certa pessoa está amando, compreendo facilmente o que quer me dizer e formo uma concepção precisa de sua condição, entretanto jamais posso confundir essa ideia com as desordens e as agitações reais de uma paixão. Nosso pensamento é um reflexo fiel e copia seus objetos com veracidade quando refletimos sobre nossas sensações e impressões passadas, no entanto, as cores que emprega são fracas e embaçadas em comparação com as que revestiam nossas percepções originais. Não é necessário possuir discernimento sutil nem predisposição metafísica para perceber a diferença que há entre elas.

[3] Podemos, dessa maneira, dividir todas as percepções do espírito em duas classes ou espécies, que se diferenciam por suas medidas de força e de vivacidade. Geralmente, as menos fortes e vivas são denominadas pensamentos ou ideias. A outra espécie, em nosso idioma e na maioria dos outros, não possui um nome, porque, suponho, somente com fins filosóficos era necessário compreendê-las sob um termo ou nomenclatura geral. Deixe-nos, destarte, usar um pouco de liberdade e denominá-las "impressões", empregando essa palavra num sentido de certo modo diferente do usual. Pois, pelo termo "impressão" entendo todas as nossas percepções mais vivas, quando ouvimos, vemos, sentimos, amamos, odiamos, desejamos ou queremos. E as "impressões" são diferentes das ideias, que são as percepções menos vivas, das quais temos consciência, quando refletimos sobre quaisquer das sensações ou dos movimentos acima mencionados.

[4] Nada pode parecer mais ilimitado à primeira vista do que o pensamento humano, que não apenas escapa a toda autoridade e a todo poder do homem, mas também nem sempre é contido nos limites da natureza e da realidade. Criar monstruosidades e juntar formas e aspectos incongruentes não provocam à imaginação

mais embaraço do que conceber os objetos mais naturais e mais familiares. Apesar de o corpo estar preso a um só planeta, sobre o qual se arrasta com agonia e dificuldade, o pensamento pode nos transportar num instante às mais distantes regiões do Universo, ou ainda, além do Universo, para o caos indeterminado, onde se supõe que a natureza se encontra em confusão total. Pode-se arquitetar o que ainda não foi visto ou ouvido, porque não há nada que esteja fora do poder do pensamento, exceto o que implica total contradição.

[5] No entanto, embora nosso pensamento pareça possuir essa liberdade imensa, verificaremos, por meio de um exame mais meticuloso, que ele está verdadeiramente preso a limites muito reduzidos e que todo poder criador da mente não ultrapassa a faculdade de combinar, de transpor, aumentar ou de diminuir os materiais que nos foram fornecidos pelos sentidos e pela experiência. Quando pensamos numa montanha de ouro, estamos somente unindo duas ideias compatíveis, ouro e montanha, que conhecemos em outra ocasião. Podemos pensar em um virtuoso cavalo, pois o sentimento que trazemos em nós mesmos nos possibilita conceber virtude e podemos ligá-la à figura e forma de um cavalo, que é um animal muito bem conhecido. Em suma, todos os elementos do pensamento derivam de nossas sensações externas ou internas; mas a mistura e composição deles dependem da mente e da vontade. Ou melhor, para me expressar em linguagem filosófica: todas as nossas ideias ou percepções mais fracas são imitações de nossas mais vivas impressões ou percepções.

[6] Espero que os dois argumentos seguintes sejam suficientes para prová-lo. Primeiro, se avaliamos nossos pensamentos ou nossas ideias, por mais que sejam sublimes ou nobres, sempre iremos verificar que se diminuem a ideias tão simples como eram as cópias de sensações anteriores. Mesmo as ideias que, à primeira vista, parecem mais distantes dessa origem, se mostram, sob um exame meticuloso, oriundas dela. A ideia de Deus, como o Ser infinitamente inteligente, sábio e bom, vem da reflexão sobre as operações de nossa própria mente, quando aumentamos indefinidamente os atributos de bondade e de sabedoria. Podemos

prosseguir com essa investigação até o ponto que quisermos, e iremos encontrar sempre que toda ideia que analisamos é cópia de uma impressão similar. Os que dizem que essa afirmação não é integralmente verdadeira, nem sem exceção, têm somente um método, e em verdade simples, para refutá-la: mostrar uma ideia que não deriva dessa fonte em sua apreciação. Se quiséssemos preservar nossa doutrina, iriam nos incumbir então de mostrar a impressão ou percepção mais viva que lhe corresponde.

[7] Em segundo lugar, se acontece um defeito em um órgão que venha a privar uma pessoa de algum tipo de sensação, notamos que ela tem a mesma incapacidade para formar ideias apropriadas. De tal modo, um cego não pode ter ciência das cores nem um surdo dos sons. Se lhes for restituído um dos sentidos de que carecem, ao se abrir as portas das sensações, possibilita-se também a entrada das ideias, e a pessoa não terá mais problemas para conceber esses objetos. Fenômeno similar ocorre quando o objeto apropriado para estimular qualquer sensação nunca foi aplicado ao órgão do sentido. Um lapão ou um negro, por exemplo, não tem nenhuma ciência do sabor do vinho. Apesar de haver poucos ou nenhum caso de análoga deficiência na mente, em que uma pessoa nunca sentiu ou que é completamente incapaz de um sentimento ou paixão próprios de sua espécie, constatamos, todavia, que a mesma observação ocorre em menor grau. Um homem de modos gentis não pode formar uma ideia de vingança ou de crueldade obstinada, nem um coração egocêntrico pode conceber espontaneamente os ápices da amizade e da bondade. Admitimos que, na verdade, outros seres podem possuir diversos sentidos de que não temos noção, porque a ciência desses sentidos nunca nos foi apresentada pela única maneira pela qual uma ciência pode ter acesso à mente, isto é, por meio de sentimento e sensação reais.

[8] Contudo, existe um fenômeno contraditório que pode provar que não é categoricamente impossível que as ideias nasçam autônomas de suas correspondentes impressões. Acredito que se concordaria com facilidade que as várias ideias de diferentes cores que adentram nossos olhos, ou as ideias de sons conduzidas pelos

ouvidos, são realmente diferentes umas das outras, muito embora, ao mesmo tempo, similares. Ora, se isso é a verdade a respeito das diferentes cores, deve ser também para os diversos tons da mesma cor; e cada tom produz uma ideia distinta e independente das outras. Porquanto, se isso fosse refutado, seria possível, por contínua gradação dos tons, passar insensivelmente de uma cor a outra completamente distante da série; se vós não admitis a distinção entre os intermediários, não podeis, sem absurdo, negar a identidade dos extremos. Supondo, então, uma pessoa que gozou de sua visão durante trinta anos e se tornou totalmente familiarizada com cores de todos os gêneros, exceto, por exemplo, com um tom específico do azul que nunca teve a sorte de ver, ao colocar-se todos os diferentes tons daquela cor, exceto esse único, diante dessa pessoa, decrescendo gradualmente do mais escuro ao mais claro, seguramente, ela perceberá um vazio onde falta este tom, terá o sentimento de que há uma grande distância no lugar, entre as cores adjacentes, mais do que nos outros. Pergunto, então, se lhe seria possível, por meio de suas reflexões, preencher esse vazio e dar nascimento à ideia desse tom particular que, entretanto, seus sentidos jamais lhe forneceram? Acredito que poucos leitores terão opinião de que ela não pode; e isso pode ser a prova de que as ideias simples nem sempre são derivadas das impressões correspondentes, mas esse caso tão particular é digno apenas de observação e não merece que, unicamente por ele, modifiquemos nossa máxima geral.

[9] Eis aqui, portanto, uma proposição que não apenas parece simples e inteligível em si mesma, mas que, se se fizer dela o uso apropriado, pode tornar toda discussão igualmente inteligível e eliminar todo jargão, que há muito tempo se apossou dos raciocínios metafísicos e os desacreditou. Todas as ideias, especialmente as abstratas, são naturalmente fracas e obscuras; o espírito tem sobre elas um escasso controle; elas são apropriadas para serem confundidas com outras ideias semelhantes, e somos levados a imaginar que uma ideia determinada está aí anexada se, o que ocorre com frequência, empregamos qualquer termo sem lhe dar significado exato. Pelo contrário, todas as impressões, isto é, todas as sensações, externas ou internas, são fortes e vivas;

seus limites são determinados com mais exatidão e não é tão fácil confundi-las e equivocar-nos. Portanto, quando suspeitamos que um termo filosófico está sendo empregado sem nenhum significado ou ideia – o que é muito frequente – devemos apenas perguntar: de que impressão vem aquela suposta ideia? E se for impossível designar uma, isso servirá para confirmar nossa suspeita. Portanto, é aceitável esperar que, ao trazer as ideias para uma luz tão clara, removeremos toda discussão que possa surgir sobre sua natureza e realidade.[2]

(2) É provável que todos aqueles que negaram as ideias inatas queriam apenas dizer que todas as nossas ideias eram cópias de nossas impressões, embora seja preciso confessar que os termos por eles empregados nem sempre foram escolhidos com precaução nem definidos com exatidão, a fim de evitar equívocos sobre suas doutrinas. O que se entende por inato? Se inato é equivalente a natural, então se deve conceder que todas as percepções e ideias do espírito são inatas ou naturais, em qualquer sentido que tomemos este último termo, seja em oposição ao que é insólito, artificial ou miraculoso. Se inato significa contemporâneo ao nosso nascimento, a discussão parece frívola, pois não vale a pena averiguar em que momento se começa a pensar: se antes, no, ou depois de nosso nascimento. Ademais, parece-me que Locke e outros tomam o termo ideia em sentido muito vago, tanto indicando nossas percepções, sensações e paixões, como nossos pensamentos. Ora, neste sentido eu gostaria de saber o que é que se quer dizer quando se afirma que o amor-próprio ou ressentimento por injúrias sofridas ou a paixão entre os sexos não é inata?

Seção III

Da associação das ideias

Está claro que existe um princípio de conexão entre os diferentes pensamentos ou ideias da mente humana e que, quando se apresentarem à memória ou à imaginação, se inserem mutuamente com certo método e regularidade. Em nossos pensamentos ou conversas mais sérias isso é mais visível que em qualquer pensamento particular que quebra a sequência regular ou o encadeamento das ideias, que é imediatamente percebido e rejeitado. Mesmo em nossos devaneios mais descontrolados e errantes, assim como em nossos sonhos, notaremos, se refletimos, que a imaginação não vagou totalmente a esmo, porém havia sempre uma conexão entre as diferentes ideias que se sucediam. Se se transcrevesse a conversa mais solta e mais livre, pode se notar imediatamente algo que a ligou em todas as suas transições. E se esse princípio faltasse, quem quebrou o fio da conversa poderia ainda informar que havia secretamente esclarecido em sua mente uma sequência de pensamentos, que se havia desviado gradualmente do tema da conversa. Entre os idiomas mais distintos, mesmo nos que não podemos ver a menor conexão ou comunicação, iremos verificar que as palavras que exprimem as ideias mais complexas são na maioria das vezes correspondentes entre si, o que seguramente prova que as ideias simples, compreendidas nas ideias complexas, foram ligadas por algum princípio universal que tinha igual influência sobre toda humanidade.

[2] Ainda que o fato de as ideias estarem conectadas de modo diferente seja tão evidente para não ser percebido pela observação, creio que não há filósofo que tenha tentado enumerar ou classificar todos os princípios de associação, assunto que parece digno de atenção. Para mim, há somente três princípios de conexão entre as ideias, que são: de semelhança, de contiguidade – no tempo e espaço – e de causa ou efeito.

[3] Acredito que pensar que esses princípios servem para ligar ideias não será muito difícil. Um quadro leva espontaneamente nossos pensamentos para o original[3]; quando se menciona um apartamento em um edifício, naturalmente se introduz uma verificação ou uma conversa acerca dos outros[4]. E, se pensamos sobre um ferimento, quase não podemos nos furtar de imaginar a dor que o acompanha[5]. Entretanto, é difícil provar tanto para nossa como para a satisfação do leitor que essa enumeração é completa e que não há outros princípios de associação. Cabe a nós, portanto, nessa situação, recapitular os mais diversos exemplos e examinar atenciosamente o princípio que liga reciprocamente os diferentes pensamentos, e apenas nos detendo quando tornarmos o princípio tão geral quanto possível. E, à medida que examinarmos exemplos distintos, se o fizermos com o cuidado máximo, adquiriremos a certeza de que a enumeração, constituída a partir de um conjunto de observações, é completa e inteira.[6]

[3] Semelhança [N. do A.].

[4] Contiguidade [N. do A.].

[5] Causa e efeito [N. do A.].

[6] Em edições posteriores, Hume encerrou aqui este capítulo. [N. do T.]

[...] Em vez de entrar num pormenor desse gênero, o que nos conduziria a várias e inúteis sutilezas, consideraremos alguns dos efeitos dessa conexão sobre as paixões e a imaginação; poderemos principiar assim um campo de especulação mais interessante e talvez mais instrutivo do que o outro.

[4] Sendo o homem um ser racional, ele busca continuamente a felicidade, que espera conseguir para satisfazer alguma paixão ou afeição, raramente age, fala ou pensa sem propósito ou intenção. Há sempre algum objetivo em vista; embora às vezes sejam impróprios os meios que escolhe para alcançar seu fim, jamais o perde de vista e nem desperdiça seus pensamentos ou reflexões quando não espera obter nenhuma satisfação deles.

[5] Em todos os trabalhos de gênio é, desse modo, preciso que o autor tenha algum projeto ou objetivo; e embora possa ser desviado desse projeto por seu pensamento intenso, como numa ode, ou omiti-lo descuidadamente, como numa epístola ou num ensaio, deve aparecer algum fim ou intenção em sua primeira composição, senão na composição completa da obra. Uma obra sem um desígnio se assemelha mais a extravagâncias de um louco do que aos sóbrios esforços do gênio e do sábio.

[6] Conclui-se, como essa regra não admite exceção, que nas composições narrativas os eventos ou atos que o escritor relata devem estar unidos por algum elo ou laço; é preciso que estejam unidos uns aos outros na imaginação e formem uma espécie de unidade que possa situá-los em um único projeto, em um único ponto de vista, e que possa ser o objeto e o fim do autor em seu primeiro empreendimento.

[7] Este princípio de conexão entre vários eventos, compondo o tema de um poema ou de uma história, pode ser distinto segundo os distintos projetos de um poeta ou de um historiador. Ovídio modelou seu projeto sobre o princípio conectivo de semelhança. Toda transformação fabulosa produzida pelo poder miraculoso dos deuses aparece em sua obra. Não é preciso senão essa condição para que um evento integre seu projeto original ou intenção.

[8] Um analista ou historiador que tentasse escrever a história da Europa durante um século seria influenciado pela conexão de contiguidade no tempo e no espaço. Todos os eventos que aconteceram nessa porção do espaço e nesse período do tempo estão compreendidos em seu desígnio, embora em outros aspectos sejam distintos e sem relação uns com os outros. Ainda assim têm uma espécie de unidade em toda diversidade.

[9] Entretanto, a espécie mais habitual de relação entre os distintos eventos que fazem parte de uma composição narrativa é a de causa e efeito; quando um historiador segue a série de ações segundo sua ordem natural, remonta às suas fontes e princípios secretos e descreve suas mais remotas consequências. Escolhe como tema certa porção dessa grande cadeia de acontecimentos que constitui a história da humanidade; tenta tocar em sua narrativa cada elo dessa cadeia. Às vezes, uma inevitável ignorância torna inúteis todos os seus esforços; às vezes preenche por conjeturas o que é deficiente em seu conhecimento; e sempre tem consciência de que sua obra é mais perfeita em função da maior continuidade de cadeia de acontecimentos que apresenta ao leitor. Ele sabe que o conhecimento de causas não é apenas o mais satisfatório, já que essa relação ou conexão é mais forte do que todas as outras, mas também mais instrutivo, pois é unicamente por esse conhecimento que somos capazes de controlar eventos e governar o futuro.

[10] Assim sendo, podemos ter agora uma ideia dessa unidade de ação, bastante discutida por todos os críticos depois de Aristóteles sem muito sucesso, talvez porque não controlavam seus gostos e sentimentos por uma filosofia rigorosa. Parece que em todas as obras, tanto épicas como trágicas, é preciso certa unidade, e que em nenhum momento podemos permitir aos nossos pensamentos de vagarem a esmo, se quisermos produzir uma obra de interesse durável à humanidade. Parece também que mesmo um biógrafo que escrevesse a vida de Aquiles tentaria relacionar os eventos para mostrar sua mútua dependência e relação, do mesmo modo que um poeta que fizesse da cólera deste o tema de sua narrativa. Não é apenas numa determinada parcela da vida que

as ações de um homem dependem umas das outras, mas durante toda a sua existência, ou seja, do berço ao túmulo; é impossível quebrar um único elo, embora diminuto, dessa cadeia regular sem afetar toda a série de eventos. A unidade de ação, portanto, que pode ser encontrada na biografia ou na história difere da poesia épica não em gênero, mas em grau. Na poesia épica, a conexão entre os eventos é mais próxima e mais sensível; a narrativa não abrange tão grande extensão temporal; os atores dirigem-se às pressas para uma situação notável para satisfazer a curiosidade dos leitores. Essa conduta do poeta épico conta com a situação particular da imaginação e das paixões que se verificam nessa produção. Tanto a imaginação do escritor como a do leitor é mais avivada, e as paixões são mais estimuladas do que na história, na biografia ou em todo tipo de narração confinada estritamente à verdade e à realidade. Consideremos o efeito dessas circunstâncias – imaginação avivada e paixões estimuladas – que pertencem à poesia e, especialmente, ao gênero épico mais do que qualquer outra espécie de composição; e examinemos a razão pela qual elas exigem unidade mais próxima e mais estrita em sua fabulação.

[11] Primeiro, toda poesia, que é uma espécie de pintura, coloca-nos mais perto do objeto que qualquer outro tipo de narrativa, o ilumina com mais força e delineia com mais distinção as menores circunstâncias que, embora pareçam supérfluas ao historiador, servem vigorosamente para avivar as imagens e satisfazer a imaginação. Se não é preciso, como na Ilíada, nos informar toda vez que o herói afivela seus sapatos e amarra sua jarreteira, será preciso, talvez, entrar em maiores minúcias que na Henríade, em que os eventos se processam com tal rapidez, que mal temos tempo para nos familiarizar com a cena ou com a ação. Portanto, se um poeta quisesse abranger em seu tema grande extensão temporal ou uma longa série de eventos e remontasse da morte de Heitor às duas causas mais remotas, tais como o rapto de Helena ou o julgamento de Páris, necessitaria estender em demasia seu poema para preencher essa enorme tela com pinturas e imagens convenientes. A imaginação do leitor, estimulada por tal sequência de descrições poéticas, e suas paixões inflamadas por uma contínua simpatia para com os

atores devem enfraquecer bem antes do fim do relato e cair em lassidão e aversão pela repetição dos mesmos movimentos violentos.

[12] Segundo, que um poeta épico não deve descrever uma longa série de causas, aparecerá mais adiante se considerarmos outra razão derivada de uma propriedade ainda mais notável e mais singular das paixões. É evidente que numa composição correta todas as emoções estimuladas pelos distintos eventos descritos e representados adicionam suas forças mutuamente; além disso, enquanto os heróis estão todos empenhados numa cena comum e cada ação está fortemente ligada ao conjunto, o interesse permanece sempre vivo e as paixões passam facilmente de um objeto a outro. A forte conexão de eventos facilita, ao mesmo tempo, a passagem do pensamento ou da imaginação de um a outro e a transfusão das paixões, e mantém as emoções sempre no mesmo canal e na mesma direção. Nossa simpatia e nosso interesse por Eva preparam o caminho para semelhante simpatia por Adão: a emoção é mantida quase intacta na transição, e a mente apreende imediatamente o novo objeto como fortemente unido àquele que de início atraía sua atenção. Mas se o poeta quisesse fazer uma completa digressão em seu tema e se introduzisse uma nova personagem sem nenhuma ligação com as anteriores, a imaginação sentiria uma ruptura na transição, penetraria friamente na nova cena e se animaria lentamente; quando retornasse ao tema central do poema, passaria, por assim dizer, sobre um terreno estranho e seu interesse despertaria novamente para colaborar com os principais atores. O mesmo inconveniente aparece em menor grau quando o poeta descreve seus eventos a uma longa distância e liga entre si ações que, embora não sejam completamente separadas, não têm uma conexão tão forte como é preciso para propiciar a transição das paixões. Essa é a origem do relato indireto empregado na Odisseia e na Eneida: o herói é inicialmente introduzido, antes de ter sido estabelecida sua finalidade, e a seguir nos são mostrados, de modo perspectivo, os mais distantes eventos e causas. Desse modo, a curiosidade do leitor é imediatamente estimulada; os eventos se desenvolvem com rapidez e em conexão muito próxima; o interesse se mantém bastante vivo e, com o auxílio da relação próxima com os objetos, cresce sem cessar do começo ao fim da narrativa.

[13] A mesma regra se verifica na poesia dramática; jamais é permitido introduzir, numa composição regular, um ator sem conexão ou que tem apenas fraca conexão com as principais personagens do relato. O interesse do espectador não pode ser desviado por cenas desarticuladas e separadas das outras. Isso quebra o curso das paixões e impede a comunicação de várias emoções, pelas quais uma cena adiciona força a outra e transfere a piedade e o terror que cada uma desperta à cena seguinte, até que em sua totalidade produz a rapidez de movimento peculiar ao teatro. Como é preciso extinguir este calor afetivo para iluminar de repente uma nova cena e novas personagens sem nenhuma relação com as precedentes; como é preciso localizar uma ruptura, um hiato deveras sensível no curso das paixões pelo efeito dessa ruptura no curso das ideias; e, em lugar de dirigir a simpatia de uma cena à seguinte, ser obrigado em todo momento a despertar um novo interesse e a participar de uma nova cena de ação?

[14] Ainda que essa regra da unidade de ação seja comum à poesia dramática e à épica, podemos ainda observar que há entre elas uma diferença digna de curiosidade. Nessas duas espécies de composição é indispensável a unidade e a simplicidade de ação para manter intacto e sem distração o interesse e a simpatia; mas, na poesia épica ou narrativa, essa regra se estabelece sobre outro fundamento: a necessidade que se impõe a todo escritor de ter um projeto ou desígnio antes de principiar qualquer dissertação ou relato e de compreender seu tema sob um aspecto geral ou uma visão unificadora que possa ser o objeto constante de sua atenção. Como o autor está completamente esquecido nas composições dramáticas, e o espectador supõe consigo mesmo estar realmente presente nas ações representadas, essa razão não intervém no palco; e pode-se introduzir um diálogo ou uma conversação que teria podido passar nessa parte do espaço representado pela cena. Por esse motivo, em todas as comédias inglesas, inclusive as de Congreve, a unidade de ação não é estritamente observada; mas o poeta pensa que é suficiente relacionar de qualquer maneira suas personagens, quer pelo sangue, quer pelo fato de elas pertencerem a uma mesma família; a seguir as introduz em determinadas cenas em que mostram

seus temperamentos e seus caracteres sem avançar em muito a ação principal. As duplas intrigas de Terêncio[7] são liberdades do mesmo gênero, embora em grau menor. Apesar de esse procedimento não ser totalmente regular, não é completamente incompatível com a natureza da comédia, em que os mecanismos das paixões não atingem tão alto grau como na tragédia; ao mesmo tempo, a ficção e a representação atenuam, até certo ponto, tais liberdades. Em um poema narrativo, a primeira proposição, o primeiro desígnio, limita o autor a um tema; recusar-se-iam imediatamente as digressões dessa natureza como obscuras e monstruosas. Nem Boccaccio, nem La Fontaine, nem qualquer outro autor desse gênero jamais se deixaram cair em digressões, embora seu principal objetivo tenha sido a graça.

[15] Retomando a comparação entre a história e a poesia épica, podemos concluir dos raciocínios precedentes que certa unidade é necessária em todas as produções, e essa não pode ser deficiente tanto na história como em qualquer outra ciência; que na história, a conexão que une os distintos eventos num só corpo é a relação de causa e efeito, a mesma que aparece na poesia épica; e que, nessa última composição, é preciso que essa conexão seja mais próxima e mais sensível em virtude da vivacidade da imaginação e da força das paixões que o poeta deve abarcar em sua narrativa. A guerra do Peloponeso é um tema apropriado à história, o cerco de Atenas, a um poema épico, e a morte de Alcibíades, a uma tragédia.

[16] Como a diferença entre a história e a poesia épica consiste, desse modo, apenas nos graus de conexão que une entre si os vários eventos que compõem seu tema, será difícil, quiçá impossível, determinar com exatidão as fronteiras que separam um do outro. É mais uma questão de gosto que de raciocínio; podemos, talvez, desvendar com frequência essa unidade em um tema que, à primeira vista e segundo considerações abstratas, esperamos ao menos encontrar.

---

[7] Publius Terentius Afer (c. 170-160 a.C), dramaturgo e poeta romano, autor de comédias [N. do T]

[17] É evidente que Homero ultrapassa, no curso de sua narrativa, a primeira proposição de seu tema, e que a cólera de Aquiles, causa da morte de Heitor, não é a mesma que ocasionou tantos males aos gregos. Mas a força da relação que une esses dois movimentos, a rapidez de transição de um ao outro, o contraste entre os efeitos da concórdia e da discórdia entre os princípios e a curiosidade natural que temos para ver Aquiles em ação depois de tão longo repouso – esse conjunto de causas não cessa de exercer influência sobre o leitor e dá ao tema suficiente unidade.

[18] Pode-se objetar a Milton o fato de ele ter buscado suas causas numa longa distância e que a revolta dos anjos produziu a queda do homem por um encadeamento de eventos que é, ao mesmo tempo, muito longo e fortuito. Sem mencionar que a criação do mundo, relatada em toda a sua extensão, não é mais causa dessa catástrofe que a batalha de Farsália, ou qualquer outro acontecimento que sempre tem acontecido. Além disso, se considerarmos que todos esses eventos (a revolta dos anjos, a criação do mundo e a queda do homem) são semelhantes, pois todos são miraculosos e apartados do curso ordinário da natureza; que são supostos contíguos no tempo; que se separam de todos os outros eventos e são os únicos fatos originais revelados, eles impressionam de imediato a visão e naturalmente evocam uns aos outros no pensamento e na imaginação. Se considerarmos tais circunstâncias em sua totalidade, verificaremos que todas essas ações parceladas têm unidade suficiente para serem compreendidas num único relato ou narrativa. Acrescentemos a essas razões que a revolta dos anjos e a queda do homem têm uma semelhança determinada, porque são correlatas e apresentam ao leitor a mesma moral de obediência ao nosso Criador.

[19] Apresento essas sugestões desconexas com o fim de despertar a curiosidade dos filósofos e com a suposição, senão a firme persuasão, de que é um tema bastante prolixo, e que as numerosas operações da mente humana dependem da conexão ou da associação de ideias aqui explicadas. Especialmente a simpatia entre as paixões e a imaginação mostrar-se-á talvez notável, quando observamos que as emoções despertadas por um objeto passam facilmente

a outro unido a ele, mas se misturam com dificuldade, ou de nenhum modo, com objetos distintos e sem nenhuma conexão. Ao introduzir numa composição personagens e ações estranhas umas às outras, um autor imprevidente destrói essa comunicação de emoções, que é o único meio de interessar ao coração e despertar as paixões no grau desejado e no momento apropriado. A explicação completa desses princípios e de todas as suas consequências nos conduziria a raciocínios muito profundos e prolixos para essa investigação. É-nos suficiente presentemente ter estabelecido esta conclusão: os três princípios de todas as ideias são as relações de semelhança, de contiguidade e causalidade"

SEÇÃO IV

DÚVIDAS DO CETICISMO SOBRE AS OPERAÇÕES DO ENTENDIMENTO

PARTE 1

[1] Todos os objetos da razão e investigação humana podem, naturalmente, dividir-se em dois grupos, a saber: relações de ideias e questões de fato; à primeira classe pertencem as ciências da Geometria, Álgebra e Aritmética e, em resumo, toda afirmação que é intuitiva ou demonstrativamente verdadeira. Que o quadrado da hipotenusa é igual ao quadrado dos dois lados é uma proposição que expressa a relação entre essas partes do triângulo. Que três vezes cinco é igual à metade de trinta expressa uma relação entre estes números. As proposições dessa classe podem descobrir-se pela mera operação do pensamento, independentemente do que possa existir em qualquer parte do universo. Ainda que jamais tivesse havido um círculo ou um

triângulo na natureza, as verdades demonstradas por Euclides conservariam sempre sua certeza e evidência.

[2] Não são averiguadas da mesma maneira as questões de fato, os segundos objetos da razão humana; nem nossa evidência de sua verdade, por muito grande que seja, é da mesma natureza que a precedente. O contrário de qualquer questão de fato é, em qualquer caso, possível, porque jamais pode implicar uma contradição, e é concebido pela mente com a mesma facilidade e distinção que se fora totalmente ajustado à realidade. Que o sol não sairá amanhã não é uma proposição menos inteligível nem implica maior contradição do que a afirmação: o sol sairá amanhã. Em vão, pois, tentaríamos demonstrar sua falsidade. Se fora demonstrativamente falsa, implicaria uma contradição e jamais poderia ser concebida distintamente pela mente.

[3] Pode ser, portanto, um tema digno de curiosidade pesquisar de que natureza é a evidência que nos assegura qualquer existência real e questão de fato, além do depoimento atual dos sentidos, ou dos registros de nossa memória. Esta parte da filosofia, como se pode observar, foi pouco cultivada pelos antigos e pelos modernos e, portanto, todas as nossas dúvidas e erros, ao realizar uma investigação tão importante, podem ser ainda mais perdoáveis, em vista de que caminhamos por caminhos tão difíceis sem guia nem direção alguma. Inclusive podem resultar úteis, por excitar a curiosidade ou destruir aquela segurança e fé implícitas, que são a ruína de todo raciocínio e investigação livre. A descoberta de defeitos, se os houvesse, na filosofia comum, não resultaria, suponho, desânimo, senão uma melhor incitação, como é habitual, a tentar algo mais completo e satisfatório que o que até agora se apresentou ao público.

[4] Todos os nossos raciocínios a respeito de questões de fato parecem fundar-se na relação de causa e efeito. Tão só por meio desta relação podemos ir além da evidência de nossa memória e sentidos. Se se perguntasse a alguém por que acredita em uma questão de fato qualquer que não esteja presente — por exemplo, que seu amigo está no campo ou na França —, daria uma razão, e esta seria algum outro fato, como uma carta recebida dele, ou o

conhecimento de seus propósitos e promessas prévios. Um homem que encontrasse um relógio ou qualquer outra máquina numa ilha deserta sacaria a conclusão de que, em alguma ocasião, teve um homem naquela ilha. Todos os nossos raciocínios a respeito dos fatos são da mesma natureza. E neles se supõe constantemente que há uma conexão entre o fato presente e o que se infere dele. Se não tivesse nada que os unisse, a inferência seria totalmente precária. Ouvir uma voz articulada e uma conversa racional na escuridão, assegura-nos a presença de alguém. Por quê? Porque estas são efeitos de produção e fabricação humanas, estreitamente conectados com elas. Se analisarmos todos os demais raciocínios dessa índole, encontraremos que estão fundados na relação causa-efeito, e que esta relação é próxima ou remota, direta ou colateral. O calor e a luz são efeitos colaterais do fogo e um dos efeitos pode acertadamente inferir-se do outro.

[5] Por conseguinte, se quiséssemos chegar a uma conclusão satisfatória quanto à natureza daquela evidência que nos assegura das questões de fato, temo-nos de perguntar como chegamos ao conhecimento da causa e do efeito

[6] Permito-me afirmar, como proposição geral que não admite exceção, que o conhecimento dessa relação em nenhum caso se atinge por raciocínios a priori, senão que surge inteiramente da experiência, quando encontramos que objetos particulares quaisquer estão constantemente unidos entre si. Apresente-se um objeto a um homem muito bem dotado de razão e luzes naturais. Se esse objeto lhe fosse inteiramente novo, não seria capaz, nem pelo mais meticuloso estudo de suas qualidades sensíveis, de descrever qualquer de suas causas ou efeitos. Adão, ainda no caso de que lhe concedêssemos faculdades racionais totalmente desenvolvidas desde seu nascimento, não teria podido inferir da fluidez e transparência da água, que o poderia afogar, ou da luz e o calor do fogo, que o poderia consumir. Nenhum objeto revela pelas qualidades que aparecem aos sentidos, nem as causas que o produziram, nem os efeitos que surgem dele, nem pode nossa razão, sem a assistência da experiência, sacar inferência alguma da existência real e das questões de fato.

[7] A seguinte proposição: as causas e efeitos não podem descobrir-se pela razão, senão pela experiência, se admitirá sem dificuldade com respeito aos objetos que recordamos ter-nos sido alguma vez totalmente desconhecidos, já que necessariamente somos conscientes da manifesta incapacidade na que estávamos sumidos nesse momento para predizer o que surgiria deles. Se apresentarmos a um homem, que não tem conhecimento algum de filosofia natural, duas peças de mármore polido, nunca descobrirá que se aderem de tal forma que para separá-las é necessária uma grande força retilínea, enquanto oferecem muito pouca resistência a uma pressão lateral. Não há dificuldade em admitir que os acontecimentos que têm pouca semelhança com o curso normal da natureza são conhecidos só pela experiência. Ninguém se imagina que a explosão da pólvora ou a atração de um imã poderiam descobrir-se por meio de argumentos a priori. De maneira semelhante, quando supomos que um efeito depende de um mecanismo intrincado ou de uma estrutura de partes desconhecidas, não temos conserto em atribuir todo nosso conhecimento dele à experiência. Quem assegurará que pode dar a razão última de que o leite e o pão sejam alimentos adequados para o homem, mas não para um leão ou um tigre?

[8] Mas, à primeira vista, quiçá pareça que esta verdade não tem a mesma evidência quando concerne aos acontecimentos que nos são familiares desde nossa presença no mundo, que têm uma semelhança estreita com o curso inteiro da natureza, e que se supõe dependem das qualidades simples dos objetos, carentes de uma estruturação em partes que nos seja desconhecida. Tendemos a imaginar que poderíamos descobrir esses efeitos pela mera operação de nossa razão, sem ir à experiência. Imaginamo-nos que, se de improviso nos encontrássemos neste mundo, poderíamos desde o primeiro momento inferir que uma bola de bilhar comunica sua moção a outra ao impulsioná-la, e que não teríamos que esperar o acontecimento para pronunciar-nos com certeza a respeito dele. Tal é o influxo do hábito que, onde é mais forte, além de compensar nossa ignorância, inclusive se oculta e parece não se dar meramente porque se dá em grau sumo.

[9] Mas, para convencer-nos de que todas as leis da natureza e todas as operações dos corpos, sem exceção, são conhecidas só pela experiência, quiçá sejam suficientes as seguintes reflexões: se se nos apresentasse um objeto qualquer, e tivéssemos que nos pronunciar a respeito do efeito que resultará dele, sem conferir observações prévias, de que maneira, pergunto, teria de proceder a mente nesta operação? Teria de inventar ou imaginar algum acontecimento que pudesse considerar como o efeito de dito objeto. E é claro que esta invenção tem de ser totalmente arbitrária. A mente nunca pode encontrar o efeito na suposta causa pelo escrutínio ou exame mais rigoroso, pois o efeito é totalmente diferente da causa e, em consequência, não pode ser descoberto nele. O movimento, na segunda bola de bilhar, é um acontecimento totalmente diferente do movimento na primeira. Também não há nada em um que possa ser o mais mínimo indício do outro. Uma pedra ou um bocado de metal, que foi alçado e privado de apoio, cai imediatamente. Mas, considerando a questão a priori, há algo que podemos descobrir nessa situação, que possa dar origem à ideia de um movimento descendente mais do que ascendente ou qualquer outro movimento na pedra ou no metal?

[10] E, como em todas as operações da natureza, a invenção ou a representação imaginativa iniciais de um determinado efeito são arbitrárias, enquanto não conferirmos a experiência; da mesma forma também temos de estimar o suposto enlace ou conexão entre causa e efeito, que os une e torna impossível que qualquer outro efeito possa resultar da operação daquela causa. Quando vejo, por exemplo, que uma bola de bilhar se move em linha reta para outra, inclusive supondo que a moção na segunda bola me fosse acidentalmente sugerida como o resultado de um contato ou de um impulso, não posso conceber que outros cem acontecimentos diferentes poderiam ter-se seguido igualmente daquela causa? Não poderiam ter ficado paradas ambas as bolas? Não poderia a primeira bola voltar em linha reta a seu ponto de arranque ou quicar sobre a segunda em qualquer linha ou direção? Todas essas suposições são congruentes e concebíveis. Por que, então, temos de dar preferência a uma, que não é mais congruente e concebível do que as demais? Nenhum de nossos

raciocínios a priori nos poderá jamais mostrar fundamento algum para esta preferência.

[11] Numa palavra, pois, todo efeito é um acontecimento diferente de sua causa. Não poderia, portanto, descobrir-se em sua causa, e seu achado inicial ou representação a priori têm de ser inteiramente arbitrários. E inclusive depois de ter sido sugerida sua conjunção com a causa, tem de parecer igualmente arbitrária, visto que sempre há muitos outros efeitos que têm de parecer totalmente congruentes e naturais à razão. Em vão, pois, tentaríamos determinar qualquer acontecimento singular, ou inferir qualquer causa ou efeito, sem a assistência da observação e da experiência.

[12] Com isso podemos descobrir a razão pela qual nenhum filósofo, que seja razoável e modesto, tentou mostrar a causa última de qualquer operação natural ou expor com clareza a ação da força que produz qualquer efeito singular no universo. Reconhece-se que o maior esforço da razão humana consiste em reduzir os princípios produtivos dos fenômenos naturais a uma maior simplicidade, e os muitos efeitos particulares a uns poucos gerais por meio de raciocínios apoiados na analogia, na experiência e na observação. Mas, no que diz respeito às causas dessas causas gerais, em vão tentaríamos sua descoberta, nem poderemos satisfazer-nos jamais com qualquer explicação particular delas. Essas fontes e princípios últimos estão totalmente interditados à curiosidade e investigação humanas. Elasticidade, gravidade, coesão de partes e comunicação do movimento mediante o impulso: estas são provavelmente as causas e princípios últimos que poderemos chegar a descobrir na natureza E nos podemos considerar suficientemente afortunados se somos capazes, mediante a investigação meticulosa e o raciocínio, de elevar os fenômenos naturais até esses princípios gerais, ou aproximar-nos a eles. A mais perfeita filosofia de corte natural só despeja um pouco nossa ignorância, bem como quiçá a mais perfeita filosofia de tipo moral ou metafísico só serve para pôr esta ao descoberto em proporções maiores. Dessa maneira, a constatação da cegueira e debilidade humanas é o resultado de toda filosofia, e nos encontramos com elas a cada passo, apesar de nossos esforços por ofuscá-las ou evitá-las.

[13] Tampouco a geometria, quando tomada como auxiliar da filosofia natural, é capaz de remediar esse defeito ou de conduzir-nos ao conhecimento das causas últimas mediante aquela precisão no raciocínio pela qual, com justiça, se a celebra. Todos os ramos da matemática aplicada operam sobre o suposto de que determinadas leis são estabelecidas pela natureza em suas operações, e se empregam raciocínios abstratos, bem para assistir à experiência na descoberta dessas leis, como para determinar seu influxo naqueles casos particulares em que depende de um grau determinado de distância e quantidade. Assim, é uma lei do movimento, descoberta pela experiência, que o impulso ou força de um núcleo celular é a razão composta ou proporção de sua massa e velocidade; e, portanto, que uma força pequena pode deslocar o maior obstáculo ou levantar o maior peso se, por qualquer invenção ou instrumento, podemos aumentar a velocidade daquela força, de maneira que supere a contrária. A Geometria nos assiste na aplicação desta lei, ao dar-nos as medidas precisas de todas as partes e figuras que podem compor qualquer classe de máquina, mas, de toda forma, a descoberta da própria lei se deve somente à experiência, e todos os pensamentos abstratos do mundo jamais nos poderão acercar um passo mais a seu conhecimento. Quando raciocinamos a priori e consideramos meramente um objeto ou causa, tal como aparece na mente, independentemente de qualquer observação, nunca pode sugerir-nos a noção de um objeto diferente, como o é seu efeito, nem muito menos mostrar-nos uma conexão inseparável e inviolável entre eles. Muito sagaz teria que ser um homem para poder descobrir, mediante raciocínio, que o cristal é o efeito do calor, e o gelo do frio, sem conhecer previamente o modo em que operam essas qualidades.

Parte 2

[1] Mas ainda não estamos suficientemente satisfeitos com respeito à primeira pergunta proposta. Cada solução dá origem a uma nova pergunta, tão difícil como a precedente, e que nos conduz a investigações ulteriores. Quando se pergunta: "Qual é a natureza de nossos raciocínios a respeito de questões de

fato?"; a resposta correta parece ser: "estão fundados na relação causa-efeito". Quando, de novo, se pergunta: "Qual é o fundamento de todos os nossos raciocínios e as conclusões a respeito dessa relação?"; pode-se responder com uma palavra: a experiência. Mas se prosseguimos em nossa atitude perscrutadora e perguntamos: "Qual é o fundamento de todas as conclusões da experiência?"; isso implica uma nova pergunta, que pode ser mais difícil de resolver e explicar. Os filósofos que se dão ares de sabedoria e suficiência superiores têm uma dura tarefa quando enfrentam com pessoas de disposição inquisitiva, que os desalojam de todas as posições em que se refugiam, e que com toda segurança os conduzirão finalmente a um dilema perigoso. O melhor modo de evitar essa confusão é sermos modestos em nossas pretensões, e inclusive descobrir a dificuldade antes que nos seja apresentada como objeção. Assim poderemos converter de algum modo nossa ignorância numa espécie de virtude.

[2] Contento-me, nesta seção, com uma tarefa fácil, pretendendo só dar uma resposta negativa ao problema aqui proposto. Digo, então, que, inclusive depois de ter havido experiência das operações de causa e efeito, nossas conclusões, realizadas a partir dessa experiência, não estão fundadas no raciocínio ou em processo algum do entendimento. Essa solução a devemos explicar e defender.

[3] Sem dúvida alguma, tem-se de aceitar que a natureza nos manteve à grande distância de todos os seus segredos e nos proporcionou só o conhecimento de algumas qualidades superficiais dos objetos enquanto nos oculta os poderes e princípios dos quais depende totalmente o influxo desses objetos. Nossos sentidos nos comunicam a cor, peso, consistência do pão, mas nem os sentidos nem a razão podem informar-nos das propriedades que o tornam adequado como alimento e sustento do corpo humano. A vista ou o tato proporcionam certa ideia do movimento atual dos corpos; mas no que respeita àquela maravilhosa força ou poder que pode manter um corpo indefinidamente em movimento local contínuo, e que os corpos jamais perdem mais do que quando a comunicam a outros, dessa não podemos formar nem a mais remota ideia. Mas, apesar dessa ignorância dos poderes[8] e princípios naturais, sempre

supomos, quando vemos qualidades sensíveis iguais, que têm os mesmos poderes ocultos, e esperamos que efeitos semelhantes aos que experimentamos se seguirão delas. Se nos fosse apresentado um corpo de cor e consistência semelhantes ao pão que nós comemos previamente, não teríamos escrúpulo em repetir o experimento e com segurança preveríamos sustento e nutrição semelhantes. Pois bem, este é um processo da mente ou do pensamento cujo fundamento desejaria conhecer. É por todos aceito que não há uma conexão conhecida entre qualidades sensíveis e poderes ocultos e, portanto, que a mente não é levada a formar-se essa conclusão, a propósito de sua conjunção constante e regular, pelo que pode conhecer de sua natureza. Com respeito à experiência passada, cabe aceitar que dá informação direta e certa somente daqueles objetos de conhecimento e daquele período preciso de tempo que são abarcados por seu ato de conhecimento. Mas por que essa experiência deve estender-se a momentos futuros e a outros objetos, que, pelo que sabemos, pode ser que só em aparência sejam semelhantes, esta é a questão que desejo insistir. O pão que em outra ocasião comi, que me nutriu – isto é, um corpo com essas determinadas qualidades –, estava naquele momento dotado de determinados poderes secretos. Mas se segue disso que outro bocado diferente de pão também tem de nutrir-me em outro momento e que as mesmas qualidades sensíveis sempre têm de estar acompanhadas pelos mesmos poderes secretos? De nenhum modo parece a conclusão necessária. Pelo menos deve-se reconhecer que aqui há uma conclusão atingida pela mente, que se deu um passo, um processo de pensamento e uma inferência que requer explicação.

[4] As duas proposições seguintes estão longe de ser as mesmas: Encontrei que a tal objeto correspondeu sempre tal efeito e prevejo que outros objetos, que em aparência são similares, serão acompanhados por efeitos similares. Aceitarei, se se deseja, que uma proposição pode corretamente inferir-se da outra. Sei que, de fato, sempre se infere. Mas se se faz questão de que a

---

[8] O termo "poder" é usado aqui em sentido vago e popular. Sua explicação mais rigorosa acrescenta evidência a estes argumentos. Veja-se seção VII [N. do A.]

inferência é realizada por meio de uma corrente de raciocínios, desejo que se apresente aquele raciocínio. A conexão entre essas duas proposições não é intuitiva. Requer-se um meio-termo que permita à mente chegar a tal inferência, se efetivamente se atinge por meio de raciocínio e argumentação. O que esse meio-termo seja, devo confessá-lo, ultrapassa meu entendimento, e incumbe apresentá-lo a quem afirma que realmente existe e que é a origem de todas as nossas conclusões a respeito das questões de fato.

[5] Esse argumento negativo deve, desde então, com o tempo, tornar-se de todo convincente, se muitos hábeis e agudos filósofos orientam suas investigações nessa direção e se ninguém é capaz de descobrir uma proposição que sirva de conexão ou um passo intermédio que apoie o entendimento nessa conclusão. Mas como a questão é por agora nova, nem todo leitor confiará tanto em sua própria agudeza para concluir que, já que um raciocínio escapa a sua investigação, por isso não está fundado na realidade. Por esse motivo, quiçá seja necessário entrar numa tarefa mais difícil e, enumerando todos os ramos da sabedoria humana, tentar mostrar que nenhum deles pode permitir tal raciocínio.

[6] Todos os raciocínios podem dividir-se em duas classes, a saber: o raciocínio demonstrativo ou aquele que concerne às relações de ideias e o raciocínio moral ou aquele que se refere às questões de fato e existenciais. Que nesse caso não há argumentos demonstrativos, parece evidente, já que não implica contradição alguma que o curso da natureza chegasse a mudar, e que um objeto, aparentemente semelhante a outros que experimentamos, possa ser acompanhado por efeitos contrários ou diferentes. Não posso conceber clara e distintamente que um corpo que cai das nuvens, e que em todos os demais aspectos se parece à neve, tem, no entanto, o sabor do sal ou a sensação do fogo? Há uma proposição mais inteligível do que a afirmação de que todas as árvores brotam em dezembro e em janeiro, e perderão suas folhas em maio e em junho? Pois bem, o que é inteligível e pode conceber-se distintamente não implica contradição alguma, e jamais pode provar-se sua falsidade por argumento demonstrativo ou raciocínio abstrato a priori algum.

[7] Se, portanto, nos convencessem com argumentos de que nos fiássemos em nossa experiência passada, e de que a convertêssemos na pauta de nossos juízos posteriores, esses argumentos teriam que ser tão só prováveis ou argumentos que concernem a questões de fato e de existência real, segundo a distinção acima mencionada. Mas é evidente que não há um argumento desta classe se se admite como sólida e satisfatória nossa explicação desta classe de raciocínio. Dissemos que todos os argumentos a respeito da existência se fundam na relação causa-efeito, que nosso conhecimento dessa relação deriva totalmente da experiência, e que todas as nossas conclusões experimentais se dão a partir do suposto de que o futuro será como foi o passado. Tentar a demonstração desta última suposição por argumentos prováveis ou argumentos que se referem ao existente, evidentemente suporá mover-se dentro de um círculo e dar por suposto aquilo que se põe em dúvida.

[8] Na realidade, todos os argumentos que se fundam na experiência estão baseados na semelhança que descobrimos entre objetos naturais, o que nos induz a esperar efeitos semelhantes aos que vimos seguir a tais objetos. E, ainda que ninguém mais que um tonto ou um louco tentará discutir a autoridade da experiência, ou eliminar aquele eminente guia da vida humana, depois pode permitir-se a um filósofo ter pelo menos tanta curiosidade como para examinar o princípio da natureza humana que confere à experiência essa poderosa autoridade e nos faz tirar vantagem da semelhança que a natureza pôs em objetos diferentes. De causas que parecem semelhantes esperamos efeitos semelhantes. Isso parece compendiar nossas conclusões experimentais. Pois bem, parece evidente que se esta conclusão fora formada pela razão, seria tão perfeita a princípio e num só caso, como depois de uma longa sucessão de experiências. Mas a realidade é muito diferente. Não há nada tão semelhante entre si como os ovos, mas ninguém, em virtude dessa aparente semelhança, aguarda o mesmo gosto e sabor em todos eles. Só depois de uma longa corrente de experiências uniformes de um tipo, atingimos segurança e confiança firme com respeito a um acontecimento particular. Mas onde está o processo de raciocínio que, a partir de um caso, atinge uma conclusão muito diferente da que se inferiu de cem casos,

em nenhum modo diferentes do primeiro? Faço esta pergunta tanto para informar-me como para propor dificuldades. Não posso encontrar, não posso imaginar raciocínio algum dessa classe. Mas mantenho minha mente aberta ao ensino, se alguém condescender em formulá-la para meu conhecimento.

[9] Deve dizer-se que de um número de experiências uniformes inferimos uma conexão entre qualidades sensíveis e poderes secretos? Isso parece, devo confessar, a mesma dificuldade formulada em outros termos. Ainda assim, reaparece a pergunta: em que processo de argumentação se apoia essa inferência? Onde está o meio-termo, as ideias interpostas que juntam proposições tão afastadas entre si? Admite-se que a cor, a consistência e outras qualidades sensíveis do pão não parecem ter conexão alguma com os poderes secretos de nutrição e sustentação. Pois se não, poderíamos inferir esses poderes secretos a partir da aparição inicial daquelas qualidades sensíveis sem a ajuda da experiência, contrariamente à opinião de todos os filósofos e dos mesmos fatos. Tenho aqui, pois, nosso estado natural de ignorância com respeito aos poderes e influxos dos objetos. Como se remedia com a experiência? Esta só nos mostra um número de efeitos semelhantes, que resultam de certos objetos, e nos ensina que aqueles objetos particulares, naquele determinado momento, estavam dotados de tais poderes e forças. Quando se dá um objeto novo, abastecido de qualidades sensíveis semelhantes, supomos poderes e forças semelhantes e antecipamos o mesmo efeito. De um corpo de cor e consistência semelhantes ao pão esperamos o sustento e a nutrição correspondentes. Mas, indubitavelmente, trata-se de um passo ou avanço da mente que requer explicação. Quando um homem diz: encontrei em todos os casos prévios tais qualidades sensíveis unidas a tais poderes secretos, e quando diz qualidades sensíveis semelhantes estarão sempre unidas a poderes secretos semelhantes, não é culpado de incorrer numa tautologia, nem são essas proposições, de modo algum, as mesmas. Diz-se que uma proposição é uma inferência da outra, mas se tem de reconhecer que a inferência nem é intuitiva nem demonstrativa. De que natureza é então? Dizer que é experimental equivale a cair numa petição de princípio, pois toda inferência realizada a

partir da experiência supõe, como fundamento, que o futuro será semelhante ao passado e que poderes semelhantes estarão unidos a qualidades sensíveis semelhantes. Se tivesse alguma suspeita de que o curso da natureza pudesse mudar e que o passado pudesse não ser pauta do futuro, toda experiência seria inútil e não poderia dar lugar a inferência ou conclusão alguma.

[10] É impossível, portanto, que qualquer argumento da experiência possa demonstrar essa semelhança do passado com o futuro, visto que todos os argumentos estão fundados sobre a suposição daquela semelhança. Aceita-se que o curso da natureza até agora foi muito regular; isso, por si só, sem algum novo argumento ou inferência, não demonstra que no futuro o seguirá sendo. Em vão se pretende conhecer a natureza dos corpos a partir da experiência passada. Sua natureza secreta e, consequentemente, todos os seus efeitos e influxos, podem mudar sem que se produza alteração alguma em suas qualidades sensíveis. Isso ocorre em algumas ocasiões e com alguns objetos: por que não pode ocorrer sempre e com todos eles? Que lógica, que processo de argumentação assegura a um contra esta suposição? Meu modo de atuar, dizes, refuta minhas dúvidas. Mas, ao responder assim, confundes o alcance de minha pergunta. Como agente estou satisfeito neste ponto, mas como filósofo tocado de curiosidade, por não dizer de ceticismo, quero conhecer o fundamento dessa inferência. Nenhuma leitura, nenhuma investigação pôde solucionar minha dificuldade, nem me satisfazer numa questão de tão grande importância. Posso fazer algo melhor que propor ao público a dificuldade, ainda que quiçá tenha poucas esperanças de obter uma solução? Dessa maneira pelo menos, seremos conscientes de nossa ignorância, ainda que não aumentemos nosso conhecimento.

[11] Devo reconhecer que um homem que conclui que um argumento não tem realidade, porque escapou de sua investigação, é culpado de imperdoável arrogância. Devo admitir também que, ainda se todos os sábios, durante várias idades, se tivessem consagrado a um estudo infrutífero sobre qualquer tema, de todas as formas poderia ser precipitado concluir decididamente que o tema ultrapassa, por isso, todo entendimento humano. Ainda que examinássemos

todas as fontes de nosso conhecimento e concluíssemos que são inadequadas para tal questão, ainda pode ficar a suspeita de que a enumeração não seja completa nem o exame exato. Mas com respeito ao tema em questão, há algumas considerações que parecem invalidar a acusação de arrogância ou a suspeita de engano.

[12] É seguro que os camponeses mais ignorantes e estúpidos, ou os meninos, ou inclusive as bestas selvagens, fazem progressos com a experiência e aprendem as qualidades dos objetos naturais ao observar os efeitos que resultam deles. Quando um menino teve a sensação de dor ao tocar a chama de uma vela, terá cuidado de não acercar sua mão a nenhuma vela, dado que esperará um efeito similar de uma causa similar em suas qualidades e aparências sensíveis. Se alguém assegurasse, pois, que o entendimento de um menino é levado a esta conclusão por qualquer processo de argumentação ou raciocínio, com razão posso exigir-lhe que apresente tal argumento, e não poderia ter motivo para negar-se a uma petição tão justa. Não pode dizer-se que o argumento é abstruso, e quiçá escape a sua investigação, já que admite que resulta óbvio para a capacidade de um simples menino. Se duvidasse por um momento, ou se depois de reflexão apresentasse qualquer argumento complexo e profundo, ele, de certa maneira, abandonaria a questão, e reconheceria que não é o raciocínio o que nos faz supor que o passado é semelhante ao futuro e esperar efeitos semelhantes de causas que ao que parece são semelhantes. Esta é a proposição que pretendo impor na presente seção. Se tenho razão, não pretendo ter realizado uma grande descoberta. Se estou equivocado, tenho-me de reconhecer um pesquisador muito resignado, pois não posso descobrir um argumento que, segundo parece, era-me perfeitamente familiar antes de que tivesse saído do berço.

Seção V

Solução do ceticismo para essas dúvidas

Parte 1

[1] A paixão para a filosofia, como para a religião, parecem expostas, embora procurem extirpar nossos vícios e corrigir nossos hábitos, ao inconveniente, quando dirigidas com imprudência, de servirem apenas para encorajar uma inclinação dominante e conduzir a mente resolutamente na direção que previamente mais o atraia, devido às tendências e inclinações do temperamento natural. Seguramente, enquanto aspiramos à magnânima firmeza do saber filosófico e tentamos terminar nossos prazeres nos limites de nossa própria mente, podemos, finalmente, tornar nossa filosofia, como a de Epicteto e outros estoicos, num sistema mais refinado de egoísmo e persuadir-nos

racionalmente de nos desligar de toda virtude como também de todos os prazeres sociais. Enquanto pensamos sobre a vaidade da vida humana e pensamos na natureza fútil e passageira das riquezas e das honras, quem sabe, estamos durante todo esse tempo, lisonjeando nossa natural indolência que, por aversão à fadiga do mundo e à faina dos negócios, procura um pretexto racional para se entregar completa e livremente à preguiça. Não obstante, há uma corrente filosófica que parece menos exposta a esse contratempo, pois ela não se liga a nenhuma paixão desordenada da mente e nem se alia a qualquer tendência ou natural propensão: é a filosofia acadêmica ou cética. Os acadêmicos falam sempre da dúvida e da suspensão do juízo, do risco das resoluções apressadas, em limitar as investigações do entendimento a limites estreitos e em renunciar a todas as especulações que transpõem as fronteiras da vida e da prática cotidianas. Nada, por conseguinte, pode ser mais contrário a tal filosofia do que a indolente letargia da mente, sua arrogância atrevida, suas pretensões elevadas e sua credulidade supersticiosa. Toda paixão é mortificada por ela, exceto o amor à verdade; e essa paixão não é jamais, nem pode ser, elevada a um grau demasiado alto. Porém, surpreendente, que essa filosofia, que em quase todos os aspectos deve ser inofensiva e inocente, seja o objeto de tantas acusações e de tantas censuras infundadas. Mas, quem sabe, a própria circunstância que a torna tão inocente seja justamente o que a expõe ao ódio e ao ressentimento públicos. Porque ela não adula nenhuma paixão desordenada, não obtém muitos adeptos; porque ela se opõe a tantos vícios e tantas tolices, levanta contra si um grande número de adversários, que a estigmatizam como profana, libertina e irreligiosa.

[2] Não devemos temer que esta filosofia, enquanto trata de limitar nossas investigações à vida diária, mine os raciocínios da vida diária e abra suas dúvidas até o ponto de destruir toda ação além de toda especulação. A natureza seguirá *in aeternum* seus direitos e prevalecerá sobre todos os raciocínios abstratos. Embora devêssemos concluir, como dito na seção anterior, que em todos os raciocínios derivados da experiência a mente avança sem se apoiar em argumentos ou processo do entendimento, não

há perigo que esses raciocínios, de que depende a maior parte de nosso conhecimento, sejam afetados por tal descoberta. Se a mente não é levada a dar esse passo por um argumento, deve ser persuadida por outro princípio de peso e autoridade iguais; e esse princípio manterá sua influência contanto que a natureza humana permaneça invariável. Vale a pena investigar qual é a natureza desse princípio.

[3] Supõe-se que um homem, dotado das faculdades racionais mais poderosas, seja transportado de modo repentino para este mundo; com certeza, notaria de imediato a existência de uma contínua sequência de objetos e um evento acompanhado por outro, mas não seria capaz de descobrir algo além. Inicialmente, não seria capaz, com nenhum raciocínio, de chegar à ideia de causa e efeito, uma vez que os poderes particulares que realizam todas as operações naturais nunca se revelam aos sentidos; nem é razoável concluir, apenas porque um evento em determinado caso precede outro, que um é a causa e o outro, o efeito. Esta conjunção pode ser arbitrária e acidental. Não há base racional para inferir a existência de um pelo aparecimento do outro. E, numa palavra, aquele homem, desprovido de experiência, jamais poderia conjeturar ou raciocinar sobre qualquer questão de fato, nem teria segurança de algo que não estivesse imediatamente presente à sua memória ou aos seus sentidos.

[4] Supõe-se mais uma vez que o mesmo homem tenha adquirido mais experiência e que tenha vivido o suficiente no mundo para observar que os objetos ou eventos familiares estão invariavelmente conectados; qual é a consequência dessa experiência? Imediatamente infere a existência de um objeto pelo aparecimento do outro. Entretanto, não adquiriu, com toda a sua experiência, nenhuma ideia ou conhecimento do poder oculto, mediante o qual um dos objetos produziu o outro; e não será um processo do raciocínio que o obriga a tirar essa dedução. No entanto, ele se encontra determinado a tirá-la; e ainda que fosse ele persuadido de que sua inteligência não participa da ação, continuaria pensando o mesmo, pois que há outro princípio que o determina a tirar semelhante conclusão.

[5] Esse princípio é um costume ou um hábito. Visto que a repetição de um ato ou de uma determinada operação sempre produz uma propensão a renovar a mesma atitude ou a mesma operação, sem ser impelida por nenhum raciocínio ou processo do entendimento, dizemos sempre que essa propensão é o efeito do costume. Utilizando este termo, não supomos ter dado a última razão de tal propensão. Apenas indicamos um princípio da natureza humana, que é universalmente reconhecido e notório por seus efeitos. Quiçá não possamos levar nossas investigações mais longe e nem aspiramos dar a causa dessa causa; porém, devemos nos contentar com que o costume é o último princípio que podemos apontar em todas as nossas conclusões procedentes da experiência. Contudo, já é satisfação suficiente poder chegar até aqui sem nos irritar com nosso raciocínios estreitos; estreitos porque não nos levam adiante. Temos aqui, certamente, ao menos uma proposição bem inteligível, quando não uma verdade, quando, por exemplo, afirmamos que, depois da conjunção constante de dois objetos, calor e chama, peso e solidez, unicamente o costume nos determina a esperar um devido ao aparecimento do outro. Parece que essa hipótese é a única que explica a dificuldade que temos de, em cerca de mil casos, tirar qualquer conclusão que não somos capazes de tirar de um único caso, que não discorda em nenhum aspecto dos outros. A razão não é capaz de semelhante variação. As conclusões tiradas por ela, ao considerar um círculo, são as mesmas que formaria examinando todos os círculos do universo. Mas ninguém, que tenha visto apenas um corpo se mover depois de ter sido impulsionado por outro, poderia concluir que todos os demais corpos se moveriam depois de receberem igual impulso. Todas as inferências tiradas da experiência são, portanto, efeitos do costume e não do raciocínio[9].

---

[9] Nada é mais útil aos escritores, mesmo os que escrevem a respeito de temas morais, políticos ou físicos, do que distinguir entre a razão e a experiência e supor que estas classes de argumentação são totalmente diferentes entre si. As primeiras são consideradas meros resultados de nossas faculdades intelectuais, as quais, ao considerarem a priori a natureza das coisas e examinarem os efeitos, que devem resultar de sua operação, estabelecem princípios particulares à ciência e à filosofia. As últimas são supostas derivar totalmente dos sentidos e da observação, por meio dos quais sabemos o que é que resultou de fato da operação de objetos particulares e assim somos capazes de inferir o que resultará deles no futuro. Assim, por exemplo, as limitações e restrições do governo civil e de sua constituição legal podem ser defendidas tanto mediante a razão, que refletindo sobre a debilidade e corrupção da natureza humana nos ensina que a nenhum homem se pode confiar uma autoridade

[6] De fato, o costume é o grande guia da vida do homem. E o único princípio que torna útil nossa experiência e nos faz esperar, no futuro, uma série de eventos semelhantes àqueles que apareceram no passado. Sem a influência do costume, ignoraríamos completamente toda questão de fato que está fora do alcance dos dados imediatos da memória e dos sentidos. Nunca poderíamos saber como ajustar os meios em função dos fins, nem como empregar nossas faculdades naturais para a produção de um efeito. Seria, ao mesmo tempo, o fim de toda ação como também de quase toda especulação.

---

ilimitada, como mediante a experiência e a história, que nos informam dos enormes abusos que a ambição tem cometido em toda época e país, devido a uma confiança tão imprudente. A mesma distinção entre razão e experiência se verifica em todas as nossas deliberações acerca da conduta na vida. Desse modo, o estadista, o general, o médico e o mercador experientes são seguidos e inspiram confiança, enquanto o novato inexperiente é, por mais bem-dotado de talentos naturais, desprezado e desconsiderado. Embora se admita que a razão pode formular conjeturas mais plausíveis sobre determinada conduta em determinadas condições, supõe-se, todavia, que ela é imperfeita sem o auxílio da experiência, pois esta é a única via capaz de conferir estabilidade e certeza às máximas deduzidas mediante estudo e reflexão. Apesar da aceitação universal desta distinção, tanto nas etapas da vida ativa como especulativa, não terei escrúpulos em afirmar que é uma atitude errônea ou, ao menos, superficial. Se examinarmos os argumentos em uma das ciências acima mencionadas e supormos que eles são meros efeitos do raciocínio e da reflexão, verificaremos que terminam pelo menos em alguma conclusão ou princípio geral, aos quais não podemos alegar outra razão a não ser a observação e a experiência. A única diferença entre as máximas racionais e experimentais (estas vulgarmente consideradas resultantes da mera experiência) consiste em que as primeiras não podem ser estabelecidas sem algum processo do pensamento e alguma reflexão sobre o que foi observado, a fim de distinguir suas circunstâncias e traçar suas consequências; nas máximas experimentais, o evento experienciado é exata e completamente similar ao que inferimos como resultado de uma situação particular qualquer. A história de um Nero ou de um Tibério nos levaria a temer semelhante tirania se nossos monarcas estivessem livres das restrições do Senado e da Lei. Mas a constataçãode qualquer fraude ou crueldade na vida privada é suficiente, com o auxilio de alguma experiência, para alertar-nos do mesmo temor, porque serve de exemplo da corrupção geral da natureza humana e nos mostra o perigo que poderíamos correr se depositássemos inteira confiança na humanidade. Nos dois casos a experiência é, em última análise, o fundamento de nossa inferência e conclusão. Não há homem tão jovem e inexperiente que não tenha formado muitos e corretos princípios sobre os assuntos humanos e a conduta na vida. Mas é preciso admitir que, quando um homem procura exercê-los, está mais propenso a errar, até que o tempo e experiências ulteriores lhe ampliem esses princípios e lhe ensinem seu uso adequado e aplicação. Em toda situação ou incidente ha várias circunstâncias particulares, aparentemente sem importância, que o homem mais bem-dotado está inclinado a princípio a desdenhar, embora dependam delas a exatidão de suas conclusões e, por conseguinte, a prudência de sua conduta. Sem mencionar que, para um jovem principiante, os princípios e as operações gerais nem sempre se manifestam em ocasiões adequadas e nem podem ser imediatamente aplicados com a devida calma e distinção. A verdade é que um homem que raciocina sem experiência não poderia raciocinar se olvidasse totalmente a experiência; quando designamos alguém com esta característica, fazemo-lo somente em sentido comparativo e supomos que possui experiência em grau mais ou menos imperfeito [N. do A.].

[7] Mas aqui deve ser conveniente notar que, embora nossas conclusões derivadas da experiência nos levem além de nossa memória e de nossos sentidos e nos assegurem da realidade de fatos que ocorreram em lugares mais distantes e em épocas remotas, é necessário que um fato esteja sempre presente aos sentidos e à memória, do qual podemos de início partir para tirar essas conclusões. Se um homem encontrasse num país deserto os remanescentes de edifícios suntuosos, concluiria que o país, em tempos remotos, tinha sido cultivado por habitantes civilizados; mas, se nada dessa natureza lhe ocorresse, jamais poderia chegar a semelhante inferência. Pela história, conhecemos os eventos de épocas passadas; todavia, devemos prosseguir consultando os livros que contêm esses ensinamentos e, a partir daí, remontar nossas inferências de um testemunho a outro até chegar às testemunhas oculares e aos espectadores desses eventos remotos. Numa palavra, se não partirmos de um fato presente à memória ou aos sentidos, nossos raciocínios serão puramente hipotéticos; e seja qual for o modo como esses elos particulares estejam ligados entre si, toda a cadeia de inferência não teria nada que lhe servisse de apoio e jamais por meio dela poderíamos chegar ao conhecimento de uma existência real. Se vos perguntasse por que acreditais em determinado fato que relatais, deveis indicar-me alguma razão; e esta razão será outro fato em conexão com o primeiro. Entretanto, como não podeis proceder dessa maneira *in infinitum,* deveis finalmente terminar por um fato presente a vossa memória ou aos vossos sentidos, ou deveis admitir que vossa crença é totalmente sem fundamento.

[8] Qual é, portanto, a conclusão de toda a questão? É simples; no entanto, deve-se confessar que ela se acha muito distante das teorias filosóficas correntes. Toda crença, em matéria de fato e de existência real, procede unicamente de um objeto presente à memória ou aos sentidos e de uma conjunção costumeira entre esse e algum outro objeto. Ou, em outras palavras, como a mente tem encontrado em numerosos casos que dois gêneros quaisquer de objetos – a chama e o calor, a neve e o frio – sempre têm estado em conjunção, se, de novo, a chama ou a neve se apresentassem aos sentidos, a mente é levada pelo costume a esperar calor ou

frio, e a acreditar que essa qualidade existe realmente e que se manifestaria se estivesse mais próxima de nós. Esta crença é o resultado necessário de colocar a mente em determinadas circunstâncias. E uma operação da alma tão inevitável como quando nos encontramos em determinada situação para sentir a paixão do amor quando recebemos benefícios; ou a de ódio quando nos defrontamos com injustiças. Todas essas operações são uma espécie de instinto natural que nenhum raciocínio ou processo do pensamento e do entendimento é capaz de produzir ou de impedir.

[9] A esta altura, poderíamos perfeitamente terminar nossas pesquisas filosóficas. Na maioria dos problemas jamais poderíamos adiantar um único passo; e em todas as questões deveríamos terminar aqui, depois das mais incessantes e curiosas investigações. Mas ainda nossa curiosidade será perdoável, talvez digna de elogio, se nos levar a investigações mais avançadas e nos fizer examinar com maior exatidão a natureza dessa crença e dessa conjunção costumeira, isto é, de onde ela procede. Por este meio podemos encontrar explicações e analogias que satisfarão, ao menos, àqueles que amam as ciências abstratas e se contentam com especulações que, por mais rigorosas que sejam, ainda podem conservar certo grau de dúvida e de incerteza. Quanto aos leitores de gosto diverso, o resto desta seção não lhes é destinada, e, se eles não a lerem, ainda assim podem compreender perfeitamente as investigações posteriores.

Parte 2

[1] Não há nada mais livre do que a imaginação humana; embora não possa ultrapassar o estoque primitivo de ideias fornecidas pelos sentidos externos e internos, ela tem poder ilimitado para misturar, combinar, separar e dividir estas ideias em todas as variedades da ficção e da fantasia imaginativa e novelesca. Ela pode inventar uma série de eventos com toda aparência de realidade, pode atribuir-lhes um tempo e um lugar particulares, concebê-los como existentes e descrevê-los com todos os pormenores que correspondem a um fato histórico, no qual ela

acredita com a máxima certeza. Em que consiste, pois. a diferença entre tal ficção e a crença? Ela não se localiza simplesmente em uma ideia particular anexada a uma concepção que obtém nosso assentimento, e que não se encontra em nenhuma ficção conhecida. Pois, como a mente tem autoridade sobre todas as suas ideias, poderia voluntariamente anexar essa ideia particular a uma ficção e, por conseguinte, seria capaz de acreditar no que lhe agradasse, embora se opondo a tudo que encontramos na experiência diária. Podemos, quando pensamos, juntar a cabeça de um homem ao corpo de um cavalo, mas não está em nosso poder acreditar que semelhante animal tenha alguma vez existido.

[2] Conclui-se, portanto, que a diferença entre a ficção e a crença se localiza em algum sentimento ou maneira de sentir, anexado à última e não à primeira, que não depende da vontade e não pode ser manipulada a gosto. É preciso que a natureza a desperte como os outros sentimentos; é preciso que ela nasça da situação particular em que a mente se encontra em cada conjuntura particular. Sempre que um objeto se apresenta à memória ou aos sentidos, pela força do costume, a imaginação é levada imediatamente a conceber o objeto que lhe está habitualmente unido; esta concepção é acompanhada por uma maneira de sentir ou sentimento, diferente dos vagos devaneios da fantasia. Eis toda a natureza da crença. Visto que nossa mais firme crença sobre qualquer fato sempre admite uma concepção que lhe é contrária, não haveria, portanto, nenhuma diferença entre nosso assentimento ou rejeição de qualquer concepção, se não houvesse algum sentimento distinguindo uma da outra. Se vejo, por exemplo, uma bola de bilhar deslizar em direção de outra numa mesa polida, posso imaginar com clareza que uma parará ao chocar-se com a outra. Esta concepção não implica contradição, porém a sinto muito diferente da concepção pela qual me represento o impulso e a comunicação do movimento de uma bola a outra.

[3] Se tentássemos uma definição desse sentimento, veríamos, talvez, que se trata de tarefa muito difícil, senão impossível; da mesma maneira como se tentássemos definir a sensação de frio ou a paixão de cólera a uma criatura que nunca teve a

experiência desses sentimentos. Crença é o nome verdadeiro e próprio dessa maneira de sentir; ninguém jamais se encontra em dificuldade para saber o significado daquele termo, porque cada um está, em todo momento, consciente do sentimento que representa. Sem dúvida, não seria impróprio tentar uma descrição desse sentimento esperando chegar, por esse meio, a algumas analogias que poderiam fornecer uma explicação mais perfeita. Digo, pois, que a crença não é nada senão uma concepção de um objeto mais vivo, mais vivido, mais forte, mais firme e mais estável que aquela que a imaginação, por si só, seria capaz de obter. Uso esta variedade de termos, embora tão pouco filosófica, com a única intenção de exprimir esse ato de espírito que nos revela realidades, ou que se considera como tal, mais presentes a nós que as ficções, que as faz pensar mais no pensamento e lhes dá uma influência superior às paixões e à imaginação. Desde que concordamos no tocante à coisa, é desnecessário discutir acerca dos termos. A imaginação governa todas as suas ideias e pode uni-las, misturá-las e variá-las de todas as formas possíveis. Pode conceber objetos fictícios em todas as situações de espaço e de tempo. Pode colocá-los de certa maneira diante de nossos olhos com suas próprias cores, exatamente como se houvessem existido. Mas, como é impossível que essa faculdade da imaginação possa jamais, por si mesma, converter-se em crença, é evidente que a crença não consiste na natureza particular ou na ordem das ideias, mas na maneira como o espírito as concebe e as sente. Confesso que é impossível explicar com perfeição esse sentimento ou essa maneira de conceber. Podemos usar palavras que expressam algo parecido. Mas o seu nome verdadeiro e próprio, como já dissemos, é crença: termo que cada um compreende suficientemente na vida corrente. Em filosofia, não podemos ir além da seguinte afirmação: crença é qualquer coisa sentida pelo espírito, que distingue as ideias dos juízos das ficções da imaginação. Ela lhes dá maior peso e influência; as faz parecer de maior importância; as reforça no espírito e as estabelece como princípios diretivos de nossas ações. Ouço agora, por exemplo, a voz de uma pessoa conhecida, e o som parece vir do quarto contíguo. Esta impressão dos meus sentidos conduz imediatamente meu pensamento à pessoa e, ao mesmo tempo, a todos os objetos circundantes. Eu os pinto para mim mesmo como existentes atualmente e com as próprias qualidades e relações que já sabia que possuíam. Essas ideias se apoderam de meu espírito mais depressa que as ideias de um castelo encantado. Sinto-as de modo muito diferente, e sua influência é bem maior, em todos os pontos de vista, tanto para produzir prazer e dor como alegria e tristeza.

[4] Consideremos, pois, esta doutrina em toda a sua extensão e concedamos que o sentimento da crença nada mais é do que uma concepção mais intensa e mais firme do que aquele que acompanha as puras ficções da imaginação, e que esta maneira de conceber nasce de uma conjunção costumeira do objeto com alguma coisa presente à memória e aos sentidos. Não será difícil, creio eu, com estas conjeturas, encontrar outras operações do espírito que lhe sejam análogas e ascender deste fenômeno a princípios ainda mais gerais.

[5] Já temos observado que a natureza estabeleceu conexões entre as ideias particulares, e que uma ideia, logo que aparece aos nossos pensamentos, introduz sua correlata e dirige nossa atenção na direção dela, mediante um movimento suave e insensível. Estes princípios de conexão ou de associação foram por nós reduzidos a três, a saber: semelhança, contiguidade e causalidade, que são os únicos laços que unem entre si nossos pensamentos e que engendram a série regular de reflexão ou do discurso que, em maior ou menor grau, se realiza entre todos os homens. Ora aqui surge um problema do qual dependerá a solução da presente dificuldade. Admitindo-se que em todas as relações, quando um dos objetos é revelado aos sentidos ou à memória, o espírito não é apenas induzido a conceber seu correlato, mas o concebe de maneira mais firme e mais forte, indagamos se esta nova concepção poderia ser alcançada de outro modo? Parece-nos que é o que ocorre com a crença originada da relação de causa e efeito. Ora, se o mesmo fenômeno se verifica em outras relações ou princípios de associação, poder-se-ia considerá-las uma lei geral ocorrendo em todas as operações do espírito.

[6] Portanto, podemos constatar, como primeiro experimento em vista de nossos fins atuais, que, quando nos defrontamos com o retrato de um amigo ausente, é evidente que sua ideia nos é avivada pela semelhança, e que toda paixão engendrada por essa ideia – quer de alegria, quer de tristeza – adquire nova força e novo vigor. Para a produção desse efeito, concorrem simultaneamente uma relação e uma impressão presente. Se o retrato não é semelhante ao nosso amigo ou não foi ao menos feito para assemelhar-lhe, jamais faz convergir nosso pensamento para ele; se tanto o retrato como a pessoa estiverem ausentes, embora o espírito possa passar do pensamento de um para o da outra, sente que sua ideia se acha mais enfraquecida do que avivada por essa transição. Sentimos prazer quando vemos o retrato de um amigo; porém, quando ele é retirado, preferimos considerar nosso amigo diretamente a fazê-lo através de sua imagem refletida que é, ao mesmo tempo, distante e obscura.

[7] As cerimônias da religião católica romana podem considerar-se como exemplos da mesma natureza. Os devotos dessa superstição alegam geralmente, desculpando as momices que lhes censuram, que sentem o bom efeito desses movimentos exteriores, de posturas e ações que avivam sua devoção e estimulam seu fervor, que de outro modo seriam enfraquecidos se se dirigissem totalmente a objetos distantes e imateriais. Representamos os objetos de nossa fé, dizem eles, com símbolos e imagens sensíveis, aproximando-os assim de nós pela presença imediata desses símbolos do que pela mera visão intelectual e contemplativa. Os objetos sensíveis influem com mais vigor sobre a fantasia do que quaisquer outros e comunicam mais depressa essa influência às ideias com as quais se relacionam e se assemelham. Inferirei somente, dessas práticas e desse raciocínio, que o efeito da semelhança avivando ideias é bastante comum; e como em todos os exemplos concorrem uma semelhança e uma impressão presente, consideramo-nos fartamente abastecidos de experimentos comprovantes da realidade do princípio precedente.

[8] Podemos reforçar essas experiências com outras de gênero diferente, considerando os efeitos da contiguidade do mesmo

modo que os da semelhança. Certamente, a distância diminui a força de toda ideia, e quando nos aproximamos de um objeto, mesmo se ele não se revela aos nossos sentidos, age sobre o espírito com influência parecida a uma impressão imediata. Pensar num objeto faz convergir imediatamente o espírito ao que lhe é contíguo; porém, é unicamente a presença real de um objeto que o transporta com vivacidade superior. Encontrando-me a poucas milhas de minha casa, qualquer coisa que se relaciona com ela me toca mais de perto do que quando estou a duzentas léguas, embora, mesmo a essa distância, se reflito sobre qualquer objeto situado próximo de meus amigos ou de minha família, esta reflexão produz naturalmente a ideia deles. Mas, considerando que, neste exemplo, os dois objetos do espírito são apenas ideias e não obstante a fácil transição de uma a outra, esta transição, por si mesma, é incapaz de dotar de vivacidade superior quaisquer ideias, porque ela carece de uma impressão imediata.[10]

[9] Ninguém deve duvidar que a causalidade tem influência idêntica às relações de semelhança e de contiguidade. Os supersticiosos afeitos às relíquias dos santos e de personagens sagradas procuram, por essa razão, símbolos ou imagens que possam avivar sua devoção e fornecer-lhes concepção mais íntima e mais forte das vidas exemplares que visam a imitar. Ora, é evidente que uma das melhores relíquias procuradas por um devoto seria um objeto feito pelo próprio santo; e se se consideram suas roupas e móveis sob esse prisma, é porque estiveram uma vez à disposição do santo que os tocou e, portanto, os influenciou. Devem, contudo, considerar-se como efeitos imperfeitos e ligados

---

[10] "Poderia dizer, ele respondeu, que é uma disposição natural ou não sei qual ilusão que nos deixa intensamente comovidos quando vemos os lugares pelos quais, como nos informaram, homens dignos de memória passaram longo tempo, do que quando nos falam a respeito deles ou lemos alguma coisa escrita por eles? Eu, por exemplo, estou agora comovido. Platão surge em minha mente, e, pelo que sabemos, ele foi o primeiro homem a realizar aqui discussões regulares: estes pequenos jardins, tão próximos de nós, não apenas despertam em mim a lembrança de Platão, mas apresentam, por assim dizer, sua imagem diante de meus olhos. Era aqui que estava Espeusipo, lá Xenócrates e acolá seu discípulo, Polemo, que sentava geralmente naquele lugar. Em verdade, quando vi a sede de nosso Senado (refiro-me à que foi construída por Hostilio e não ao novo prédio, que quase não me comove depois que foi ampliado), pensei em Cipião, Catão e Lélio, mas sobretudo em meu avô. É tão grande o poder dos lugares para despertar recordações que, com muita razão, o treinamento da memória deriva deles" - Cícero, De Finibus, v. 2 [N. do A.].

ao santo por uma cadeia de consequências mais curtas do que algumas daquelas pelas quais adquirimos conhecimento sobre sua existência real.

[10] Supondo, de outro lado, que vos fosse apresentado o filho de um amigo morto ou ausente há muito tempo, certamente, esse objeto reviveria num instante sua ideia correlata e faria retomar ao nosso pensamento todas as intimidades e familiaridades passadas, em cores mais vivas do que aquelas que de outro modo vos teriam aparecido. Este é outro fenômeno que parece comprovar o princípio acima mencionado.

[11] Devemos assinalar que nesses fenômenos sempre se pressupõe a crença no objeto correlato, sem o que a relação não teria nenhum efeito. O retrato exerce influência porque cremos que nosso amigo alguma vez já existiu. A contiguidade com nossa casa não pode jamais estimular nossas ideias sobre ela, a menos que creiamos que a casa realmente existe. Ora, afirmo que esta crença – se se estende além dos dados da memória ou dos sentidos – é de natureza semelhante e surge de causas semelhantes à transição do pensamento e vivacidade da concepção aqui explicadas. Quando lanço ao fogo um pedaço de lenha seca, meu espírito se vê obrigado imediatamente a conceber que ele aviva em vez de extinguir a chama. Essa transição do pensamento da causa ao efeito não se baseia na razão. Sua origem deriva completamente do hábito e da experiência. Visto que a transição se origina de um objeto presente aos sentidos, este incorpora à ideia ou à concepção da chama mais força e vivacidade do que qualquer devaneio vago e flutuante da imaginação. Essa ideia nasce imediatamente. E o pensamento converge instantaneamente para a ideia, transferindo-lhe toda a força conceptual que deriva da impressão presente aos sentidos. Se uma espada estiver apontada para o meu peito, as ideias de ferimento e dor que a acompanham não me atingem com mais força do que se me apresentam um copo de vinho, e mesmo supondo que por acaso essa ideia surgisse após o aparecimento do último objeto? Mas, o que é que causa uma concepção tão forte, senão unicamente a presença de um objeto, e a transição costumeira para a ideia de outro objeto, que nos acostumamos a

juntar com a primeira? Eis toda operação do espírito em todas as nossas conclusões referentes às questões de fato e de existência; e já é uma satisfação encontrar algumas analogias que podem explicá-la. A transição a partir de um objeto presente dá, em todos os casos, força e solidez à ideia com a qual está relacionado.

[12] Eis, pois, uma espécie de harmonia preestabelecida entre o curso da natureza e a sequência de nossas ideias; e embora os poderes e as forças que governam a primeira nos sejam totalmente desconhecidos, achamos que nossos pensamentos e nossas concepções se têm sempre desenrolado na mesma sequência que as outras obras da natureza. O costume é o princípio que tem realizado esta correspondência, tão necessária para a conservação de nossa espécie e para o regulamento de nossa conduta em todas as circunstâncias e situações da vida humana. Se a presença de um objeto não despertasse instantaneamente a ideia dos objetos que comumente estão unidos a ele, todo nosso conhecimento deveria limitar-se à estreita esfera de nossa memória e de nossos sentidos, e jamais seríamos capazes de adaptar os meios em vista dos fins ou de empregar nossos poderes naturais para produzir o bem ou evitar o mal. Aqueles que se deliciam na descoberta e na contemplação das causas finais, têm aqui amplo objeto para empregar a sua curiosidade e espanto.

[13] Acrescentarei, reforçando a teoria precedente – que essa operação do espírito, permitindo-nos inferir efeitos semelhantes de causas semelhantes e vice-versa, por ser tão essencial para a conservação de todos os seres humanos, não poderia ser confiada às falazes deduções da razão humana, que é lenta em suas operações e não se manifesta, em qualquer grau, nos primeiros anos de nossa infância e, no melhor dos casos, no decorrer da vida humana acha-se mais exposta ao erro e ao engano. Conforma-se mais com a sabedoria ordinária da natureza assegurar-se de um ato tão necessário do espírito graças a um instinto ou tendência mecânica, que pode ser infalível em suas operações e pode revelar-se a partir do nascimento da vida e do pensamento e, ademais, independe de todas as elaboradas deduções do entendimento. Do mesmo modo que a natureza nos ensinou a usar nossos membros

sem esclarecer-nos acerca dos músculos e nervos que os movem, ela também implantou em nós um instinto que impulsiona o pensamento num processo correspondente ao estabelecido entre os objetos externos, embora mantendo-nos ignorantes desses poderes e forças dos quais dependem totalmente o curso regular e a sequência de objetos.

Seção VI

Da probabilidade[11]

[1] Ainda que não haja tal coisa como o "talvez" no mundo, nossa ignorância da causa real de qualquer evento tem igual influência sobre o entendimento gerando equivalente tipo de crença ou opinião.

[2] Há certamente uma probabilidade que resulta de uma superioridade de possibilidades a favor de uma das partes e, à medida que esta superioridade aumenta excedendo as possibilidades opostas, a probabilidade recebe um aumento proporcional gerando maior grau de crença ou assentimento à parte em que descobrimos

[11] Locke divide todos os argumentos em demonstrativos e prováveis. Segundo esse ponto de vista, devemos afirmar que é apenas provável que todos os homens devem morrer ou que o sol nascerá amanhã. Mas para conformar nossa linguagem ao uso corrente, devemos dividir os argumentos em demonstrações, provas e probabilidades. Por prova, entendemos aqueles argumentos derivados da experiência que não deixam lugar à dúvida ou à oposição [N. do A.]

a superioridade. Se um dado fora marcado com um algarismo ou mesmo com um número de pontos em quatro faces e com outro algarismo ou mesmo número de pontos nas duas restantes, seria mais provável que saísse uma daquelas do que estas faces; no entanto, se mil faces fossem marcadas de modo idêntico e só uma diferente, a probabilidade seria muito maior, e nossa crença ou expectativa do evento seria mais firme e mais certa. Esse processo do pensamento ou raciocínio pode parecer sem importância e evidente; no entanto, para quem o examina com mais cuidado, pode, talvez, constituir assunto de curiosa especulação.

[3] Parece evidente que, quando o espírito se antecipa para desvelar o evento que resultará do lançamento de tal dado, considera como igualmente provável que saia qualquer uma das faces, pois é inerente ao "talvez" fazer totalmente iguais todos os eventos particulares compreendidos nele. Mas, verificando que maior número de faces aparece mais num evento que no outro, o espírito converge com mais frequência para ele e o encontra muitas vezes ao considerar as variadas possibilidades das quais depende o resultado definitivo. Essa afluência de várias inspeções sobre um único evento particular gera imediatamente, por uma inexplicável disposição natural, o sentimento da crença, dando primazia a este evento sobre seu antagonista, que é apoiado por pequeno número de inspeções e recorre com menos frequência ao espírito. Concordando-se que a crença nada mais é do que uma concepção de um objeto, mais firme e mais forte do que aquela que acompanha as ficções da imaginação, podemos, talvez, explicar até certo ponto essa operação. A confluência de várias inspeções ou de olhadas rápidas imprime a ideia com mais força em nossa imaginação, dá-lhe força e vigor superiores, faz mais sensível sua influência sobre as paixões e inclinações e, numa palavra, origina essa confiança e segurança que constituem a natureza da crença e da opinião.

[4] Com a probabilidade das causas ocorre o mesmo que com a probabilidade dos acasos. Há algumas causas que são totalmente uniformes e constantes na produção de determinado efeito e não apresentam nenhum exemplo de falha ou irregularidade

em seu procedimento. O fogo e a água têm sempre queimado ou asfixiado a todo ser humano; a produção do movimento pelo impulso e gravidade é uma lei universal que até agora se admitiu sem exceção. Há outras causas que foram consideradas mais irregulares e incertas, por exemplo, o ruibarbo nem sempre se mostrou purgativo, nem o ópio soporífero, a todas as pessoas que tomaram esses remédios. Na verdade, quando uma causa deixa de produzir seu efeito habitual, os filósofos não atribuem essa falha a uma irregularidade na natureza, pelo contrário, supõem que algumas causas desconhecidas, situadas na estrutura dos elementos, impediram a operação. Mas, nossos raciocínios e conclusões sobre o evento permanecem os mesmos como se este princípio não existisse. Como o costume nos determina a transferir o passado para o futuro em todas nossas inferências, esperamos – se o passado foi totalmente regular e uniforme – o mesmo evento com a máxima segurança e não toleramos qualquer suposição contrária. Mas, se encontramos que diferentes efeitos acompanham causas que em aparência são exatamente similares, todos esses efeitos variados devem apresentar-se ao espírito ao transferir o passado para o futuro, e devemos considerá-los quando determinamos a probabilidade do evento. Ainda que demos preferência ao efeito que foi mais usual e creiamos que ele existirá, não devemos descuidar dos outros efeitos; no entanto, devemos assinalar para cada um deles uma autoridade e peso específicos, em proporção à maior ou menor frequência em que os encontramos. É mais provável – na maioria dos países europeus – que geará em algum dia de janeiro, e é improvável que durante esse mês não geará: ainda que essa probabilidade varie de acordo com os diferentes climas, ela se aproxima da certeza nos países nórdicos. Parece, pois, evidente que, quando transferimos o passado para o futuro, a fim de que determinemos o efeito que resultará de alguma causa, transferimos todos os diferentes eventos na mesma proporção em que apareceram no passado e consideramos que um se revelou cem vezes, por exemplo, esse outro dez vezes e aquele outro, uma só vez. Como um grande número de inspeções afluem aqui sobre um único evento, elas o fortificam e o confirmam na imaginação, engendrando esse sentimento que denominamos crença; e confere a seu objeto preferência sobre o evento oposto que não é apoiado pelo mesmo número de experimentos e não retorna com tanta frequência ao pensamento quando transferimos o passado para o futuro. Se alguém tentar explicar este processo do espírito em qualquer um dos sistemas filosóficos existentes, sentir-se-á consciente da dificuldade. De minha parte, dar-me-ei por satisfeito se as presentes indicações possam incitar a curiosidade dos filósofos e os façam ver quão deficientes são todas as teorias vigentes quando discorrem sobre objetos tão curiosos e sublimes.

Seção VII

Da ideia de conexão necessária

Parte 1

[1] A grande vantagem das ciências matemáticas sobre as ciências morais consiste nisto: as ideias das primeiras, sendo sensíveis, são sempre claras e distintas; assim a menor diferença entre elas é imediatamente perceptível e, ademais, os mesmos termos exprimem sempre as mesmas ideias sem ambiguidade ou variação. Um óvulo nunca se confunde com um círculo, nem uma hipérbole com uma elipse. Os triângulos isósceles e escaleno diferenciam-se por limites mais exatos que o vício e a virtude, o bem e o mal. Se se define um termo em geometria, o espírito imediatamente e por si mesmo substitui em todas as ocasiões a definição pelo termo definido, ou ainda, quando utiliza a definição,

o próprio objeto pode apresentar-se aos sentidos e, por este meio, apreende-o com firmeza e claramente. Mas os sentimentos mais sutis do espírito, as funções do entendimento, as diversas agitações das paixões, embora realmente diferenciados em si mesmos, esquivam-se facilmente de nós quando os examinamos pela reflexão; e temos o poder de recordar o objeto original tão frequentemente como temos ocasião de contemplá-lo. Dessa maneira, a ambiguidade se introduz gradualmente em nossos raciocínios: objetos semelhantes são facilmente considerados como idênticos, e a conclusão torna-se afinal muito afastada das premissas.

[2] Pode-se, portanto, afirmar com toda a segurança que, se considerarmos estas ciências de modo adequado, suas vantagens e desvantagens quase se compensam e ambas se igualam. Se o espírito retém com mais facilidade as ideias geométricas claras e distintas, deve, todavia, desenvolver uma cadeia de raciocínios muito mais extensa e bem mais complicada, e deve comparar ideias bastante afastadas entre si, a fim de alcançar as verdades mais abstrusas dessa ciência. E, se as ideias morais tendem, a menos que se tenha grande cuidado, a cair na obscuridade e na confusão, as inferências são muito mais curtas nestas pesquisas, e os passos intermediários que levem à conclusão, bem menores que os da ciência que trata da quantidade e do número. Na realidade, é raro encontrar na geometria de Euclides uma proposição tão simples, que não tenha mais partes que as que se encontram em qualquer raciocínio moral, a menos que este se refira a coisas quiméricas ou fantásticas. Quando localizamos os princípios do espírito humano através de alguns passos, podemos contentar-nos com nosso progresso, se considerarmos quão rapidamente a natureza antepõe uma barreira a todas as nossas investigações sobre as causas e nos obriga a reconhecer nossa ignorância. Portanto, o principal obstáculo para o nosso aperfeiçoamento nas ciências morais ou metafísicas consiste na obscuridade das ideias e na ambiguidade dos termos. A principal dificuldade na matemática refere-se à extensão das inferências e do pensamento necessário para formular qualquer conclusão. E, talvez, nosso progresso em filosofia natural se retarde principalmente pela escassez de experimentos e de fenômenos

adequados, que são frequentemente descobertos por acaso e nem sempre localizados quando requeridos, mesmo pela mais diligente e prudente investigação. Como a ética se revela até agora menos aperfeiçoada do que a geometria ou a física, podemos concluir que, se há alguma diferença sob este aspecto entre estas ciências, os obstáculos que impedem o progresso da primeira necessitam de maior cautela e habilidade para serem sobrepujados.

[3] Não há ideias mais obscuras e incertas em metafísica do que as de poder, força, energia ou conexão necessária, às quais necessitamos reportar-nos constantemente em todas as nossas inquirições. Tentaremos, portanto, nesta seção, estabelecer e, por este meio, remover parte da obscuridade tão lamentada neste gênero de filosofia.

[4] Parece que esta proposição não admitirá muita controvérsia: todas as nossas ideias são cópias de impressões ou, em outras palavras, é-nos impossível pensar em algo que antes não tivéramos sentido, quer pelos nossos sentidos externos quer pelos internos. Tenho tentado explicar e provar esta proposição, e tenho também manifestado minhas expectativas de que, mediante sua adequada aplicação, se possa alcançar mais clareza e exatidão nos raciocínios filosóficos do que até agora se tem podido obter. As ideias complexas podem, talvez, ser bem entendidas por definição, consistindo na enumeração das porções ou ideias simples que as compõem. Contudo, quando encaminhamos as definições às ideias mais simples e deparamos ainda alguma ambiguidade e obscuridade, que recurso possuímos? Que invenção nos permite iluminar estas ideias e fazê-las completamente exata e determinadas à consideração intelectual? É preciso produzir as impressões ou sensações originais das quais as ideias são cópias. Essas impressões são todas fortes e sensíveis. Não admitem ambiguidade. Elas próprias não estão apenas colocadas em plena luz, mas podem também iluminar suas ideias correspondentes que jazem na obscuridade. Podemos, talvez por esse meio, obter um novo microscópio ou novo sistema de óptica que possibilita, nas ciências morais, a ampliação das ideias mais simples e diminutas de modo que possamos apreendê-las facilmente e possamos conhecê-las

do mesmo modo que as ideias mais palpáveis e sensíveis, que devem ser o objeto de nossa inquirição.

[5] Portanto, para atingir um conhecimento total da ideia de poder ou de conexão necessária, devemos examinar sua impressão e, a fim de desvendar a impressão com maior segurança, busquemo-la em todas as fontes das quais ela possivelmente deve derivar.

[6] Quando olhamos em torno de nós na direção dos objetos externos e consideramos a ação das causas, não somos jamais capazes, a partir de um único caso, de descobrir algum poder ou conexão necessária, alguma qualidade que ligasse o efeito à causa e tornasse um a consequência infalível do outro. Apenas constatamos que um, realmente, segue o outro. O impulso de uma bola de bilhar é acompanhado pelo movimento da segunda. Eis tudo o que se manifesta aos sentidos externos. O espírito não sente nenhuma sensação ou impressão interna em virtude dessa sequência de objetos; por conseguinte, não há, num só caso isolado e particular de causa e efeito, nada que possa sugerir a ideia de poder ou de conexão necessária.

[7] A partir da primeira aparição de um objeto, jamais podemos conjeturar que efeito resultará dele. Mas se o espírito pudesse descobrir o poder ou a energia de qualquer causa, poderíamos prever o efeito, mesmo sem a experiência, e poderíamos também, desde o princípio, pronunciar-nos com certeza a seu respeito, apenas pela força do pensamento e do raciocínio.

[8] Na realidade, não há nenhuma porção da matéria que nos revele, através de suas qualidades sensíveis, um poder ou energia, ou que nos dê fundamento para imaginar que poderia produzir algo, ou que seria seguida por outro objeto que poderíamos denominar seu efeito. A solidez, a extensão e o movimento são qualidades completas em si mesmas e não indicam outro evento que possa resultar delas. As cenas do universo variam continuamente; e um objeto acompanha outro em sequência ininterrupta; porém, o poder ou a força que move toda a máquina está completamente oculto de nós e nunca se revela em nenhuma

das qualidades sensíveis dos corpos. Sabemos que, de fato, o calor é um acompanhante constante da chama, mas não temos ensejo para conjeturar ou imaginar qual é a sua conexão. Portanto, é impossível que a ideia de poder possa derivar da contemplação de corpos em casos isolados de sua operação, porque jamais um corpo nos revela um poder que seja a origem dessa ideia.[12]

[9] Portanto, já que os objetos externos, tal como aparecem aos sentidos, não nos fornecem nenhuma ideia de poder ou conexão necessária, através de suas operações em casos particulares, vejamos se essa ideia deriva da reflexão sobre as operações de nosso próprio espírito e se ela é copiada de alguma impressão interna. Pode-se dizer que, em todo momento, temos consciência de nosso poder interno, porquanto sentimos que, pela mera ordem de nossa vontade, podemos mover os órgãos de nosso corpo ou governar nossas faculdades espirituais. Um ato volitivo produz um movimento em nossos membros ou origina uma nova ideia em nossa imaginação. Conhecemos essa influência da vontade pela consciência. Adquirimos assim a ideia de poder ou de energia e certificamo-nos que tanto nós como todos os outros seres inteligentes são dotados desse poder. Essa ideia, portanto, é uma ideia reflexiva porque surge ao refletir sobre as operações de nosso próprio espírito e sobre o governo que a vontade exerce tanto sobre os órgãos do corpo como sobre as faculdades da alma.

[10] Examinaremos esta hipótese verificando primeiramente a influência da vontade sobre os órgãos do corpo. Esta influência, devemos observar, é um fato que, como todos os outros eventos naturais, unicamente pode ser conhecida pela experiência e jamais pode ser prevista a partir da aparente energia ou poder situado na causa, unindo-a ao efeito e fazendo de um a consequência infalível da outra. O movimento de nosso corpo obedece à ordem

[12] Locke diz, em seu capítulo acerca do poder, que ao verificar mediante a experiência que há uma variedade de novas criações na matéria, conclui que em algum lugar deve haver um poder capaz de produzi-las, raciocínio esse que o leva à ideia de poder. Mas nenhum raciocínio pode dar-nos uma nova, original e simples ideia, como este mesmo filósofo confessa. Portanto, esse raciocínio não pode jamais ser a origem dessa ideia [N. do A.].

da vontade. Disso temos sempre consciência. Mas o modo pelo qual isso se realiza, a energia conferida à vontade no desempenho desse processo tão extraordinário, distanciam-se de nossa consciência imediata e devem excluir-se para sempre de nossa mais diligente investigação.

[11] Em primeiro lugar, indagamos se há em toda a natureza algum princípio mais misterioso que o da união da alma com o corpo, pelo qual uma suposta substância espiritual adquire influência sobre uma substância material, de tal modo que o pensamento mais refinado é capaz de mover a matéria mais grosseira? Se tivéssemos o poder, por um desejo secreto, de mover montanhas ou controlar os planetas em sua órbita, esta ampla autoridade não seria mais extraordinária e não ultrapassaria demais nossa compreensão. Mas, se a consciência nos fizesse perceber um poder ou uma energia na vontade, deveríamos apreender esse poder; deveríamos entender sua conexão com o efeito; deveríamos conhecer a união oculta da alma e do corpo e a natureza destas duas substâncias, por meio da qual uma é capaz de agir, de tantos modos sobre a outra.

[12] Em segundo lugar, não somos capazes de mover todos os órgãos do corpo com a mesma autoridade, embora não possamos designar nenhuma razão, exceto a experiência, para uma diferença tão marcante entre uns e outros. Por que a vontade tem influência sobre a língua e os dedos e não sobre o coração ou o fígado? Esta questão jamais nos embaraçaria se tivéssemos consciência de um poder no primeiro caso, e não no segundo. Deveríamos então perceber, independentemente da experiência, por que a autoridade da vontade sobre os órgãos do corpo se circunscreve dentro de limites tão estreitos. Teríamos, neste caso, um conhecimento completo do poder ou da força que a faz agir; saberíamos também por que sua ação alcança precisamente tais limites e por que ela não os ultrapassa.

[13] Um homem subitamente atacado por uma paralisia da perna ou do braço ou que tenha recentemente perdido esses membros tende a princípio e com frequência a movê-los e usá-

los em suas funções habituais. Neste caso, está tão consciente do poder que governa esses membros como um homem de saúde perfeita é consciente do poder que move qualquer membro que permanece em sua condição e estado naturais. Mas a consciência nunca ilude. Por conseguinte, nem num caso como no outro jamais temos consciência de um poder. Somente a experiência nos ensina a ação de nossa vontade. E a experiência nos ensina apenas como um evento acompanha constantemente outro, sem nos informar sobre a desconhecida conexão que os liga e que os torna inseparáveis.

[14] Em terceiro lugar, a anatomia nos informa que o objeto imediato do poder no movimento voluntário não é o próprio membro que é movido, porém certos músculos, nervos e espíritos animais e, talvez, alguma coisa ainda menor e desconhecida através da qual o movimento se propaga sucessivamente antes de alcançar o próprio membro, cujo movimento é o objeto imediato da volição. Pode haver prova mais segura de que o poder que realiza toda a operação, tão distante de ser direta e completamente conhecido por um sentimento interno ou consciente, é em última análise misterioso e ininteligível? Logo que o espírito quer certo evento, imediatamente outro evento é gerado, que ignoramos e que é totalmente diferente do evento visado; esse evento gera outro, igualmente desconhecido, até que, finalmente, através de uma longa sequência, o evento desejado é gerado. Mas, se se sentisse o poder original, deveríamos conhecê-lo; se o conhecêssemos, dever-se-ia conhecer também seu efeito, visto que todo poder é relativo a seu efeito. E vice-versa, se não se conhece o efeito, não se pode conhecer nem sentir o poder. Como, na verdade, poderíamos ser conscientes de um poder de mover nossos membros quando não temos um tal poder, mas apenas aquele de mover certos espíritos animais que, embora produzam em definitivo o movimento de nossos membros, agem de uma maneira que ultrapassa totalmente nossa compreensão?

[15] Podemos, pois, concluir de toda esta argumentação, sem temeridade, espero, mas com segurança: nossa ideia de poder não é copiada de um sentimento ou da consciência de nosso poder

interno, quando produzimos o movimento animal ou aplicamos nossos membros à sua própria função ou uso. Que seu movimento obedece à ordem da vontade é um fato da experiência corriqueira igual a tantos outros eventos naturais; mas o poder ou a energia que o realizou, do mesmo modo que em outros eventos naturais, é desconhecido e inconcebível[13].

[16] Afirmaremos, pois, que somos conscientes de um poder ou energia de nossos espíritos quando, por um ato ou ordem de nossa vontade, suscitamos uma nova ideia, firmamos o espírito em sua consideração, a visamos sob todos os ângulos e por fim a rejeitamos por outra ideia quando pensamos que a temos examinado com suficiente exatidão? Acredito que os mesmos argumentos provarão que essa ordem da vontade não nos fornece nenhuma ideia real de força ou de energia.

[17] Primeiramente, deve-se admitir que, quando conhecemos um poder, apreendemos na causa a precisa circunstância que o capacita para produzir seu efeito, porque ambos se supõem sinônimos. Portanto, devemos conhecer tanto a causa como o efeito e a relação entre eles. Mas aspiramos conhecer a natureza da alma humana e a natureza de uma ideia, ou a capacidade de uma produzir a outra? Esta é uma criação real; uma produção de alguma coisa a partir do nada, que implica um poder tão grande, que à primeira vista parece estar fora do alcance de todo ser menor que o infinito. Pelo menos, deve-se reconhecer que tal poder não é nem sentido nem conhecido e nem mesmo concebível pelo

---

[13] Pode-se pretender que a resistência que encontramos nos corpos e que nos obriga a empregar toda nossa força e a reunir todo nosso poder nos dá a ideia de força e de poder. Esse vigoroso esforço de que somos conscientes é a impressão original de onde se copia esta ideia. Mas, em primeiro lugar, atribuímos poder a um grande número de objetos, nos quais jamais poderíamos supor que aparecesse essa resistência ou emprego de força: ao Ser Supremo, que jamais depara com essa resistência; ao espírito, em seu governo sobre as ideias e membros, sobre o pensamento e movimentos ordinários, em que o efeito segue imediatamente a vontade sem emprego ou concentração de forças; a matéria inanimada que não é suscetível desse sentimento. Em segundo lugar, esse sentimento de esforço para vencer a resistência não tem nenhuma conexão conhecida com qualquer evento. Conhecemos através da experiência aquilo que lhe segue, mas não poderíamos conhecê-lo a priori. Portanto, é preciso admitir que o esforço animal experienciado por nós, embora não nos possa fornecer nenhuma ideia rigorosa e determinada de poder, responde, até certo ponto, à ideia vulgar e impressão que dele temos formado [N. do A.].

espírito. Apenas sentimos o evento, a saber, a existência de uma ideia consequente a uma ordem da vontade; porém, a maneira como se realiza essa operação e o poder pelo qual ela é produzida estão totalmente fora de nossa compreensão.

[18] Em segundo lugar, o governo do espírito sobre si mesmo é limitado, assim como seu controle sobre o corpo; e esses limites não são conhecidos pela razão ou por qualquer conhecimento da natureza de causas e efeitos, mas apenas pela observação ou pela experiência, como em todos os outros eventos naturais e na operação de objetos externos. Nossa autoridade sobre nossos sentimentos e nossas paixões é muito mais débil do que sobre nossas ideias; e mesmo estas últimas se circunscrevem dentro dos mais estreitos limites. Quem pretenderá dar a razão última desses limites ou mostrar por que o poder é débil em alguns casos, e não em outros?

[19] Em terceiro lugar, esse domínio de si mesmo é muito diferente em diferentes momentos. Um homem sadio o possui em maior grau do que alguém que se consome com a doença. Somos mais donos de nossos pensamentos pela manhã do que pela noite; em jejum, do que após uma refeição copiosa. Podemos dar alguma razão dessas variações exceto à experiência? Onde está, pois, o poder do qual pretenderíamos ser conscientes? Não há aqui, seja em uma substância espiritual ou material, seja em ambas, algum mecanismo desconhecido ou estrutura de elementos do qual depende o efeito e que, por nos ser totalmente desconhecido, torna o poder ou energia da vontade igualmente desconhecidos e incompreensíveis?

[20] A vontade é certamente um ato do espírito, com a qual estamos suficientemente familiarizados. Refleti sobre ela. Considerai-a sob todos os ângulos. Encontrastes nela algo de semelhante a esse poder criador, pelo qual do nada gera uma nova ideia, e, por uma espécie de fiat, imita a onipotência de seu Criador – se se me permite falar assim – que converge para a existência os diferentes panoramas da natureza? Essa energia da vontade acha-se tão afastada de nossa consciência que necessitamos recorrer

à experiência – como a que possuímos – para convencer-nos de que tão extraordinários efeitos resultam efetivamente de um simples ato da vontade.

[21] Os homens, em geral, não encontram jamais qualquer obstáculo para explicar as mais comuns e usuais operações da natureza, tais como a queda dos corpos pesados, o crescimento das plantas, a procriação dos animais ou a nutrição dos corpos pelos alimentos; e eles admitem que, em todos esses fenômenos, percebem com exatidão a força ou a energia da causa, que a põe em conexão com seu efeito e sempre é infalível em sua operação. Adquirem, por longo hábito, tal modo de pensar que, ao aparecer uma causa, esperam imediatamente e com segurança o seu acompanhante usual e dificilmente concebem que seja possível que outro evento possa resultar dela. Apenas quando descobrem fenômenos extraordinários, tais como o terremoto, a peste e outros prodígios desse gênero, encontram-se embaraçados para designar uma causa apropriada e para explicar de que modo produz o efeito. Os homens têm o hábito, em tais dificuldades, de recorrer a algum princípio invisível e inteligente como causa imediata do evento que os surpreende e que, pensam eles, não pode ser explicado pelos poderes corriqueiros da natureza. Mas os filósofos, que levam suas pesquisas um pouco mais adiante, percebem imediatamente que, mesmo nos eventos mais familiares, a energia da causa é tão ininteligível como no mais invulgar, e que apenas apreendemos da experiência a frequente conjunção dos objetos, sem que jamais sejamos capazes de compreender nada semelhante à conexão entre eles. Daqui, pois, que muitos filósofos se julguem obrigados pela razão a recorrer, em todas as ocasiões, ao mesmo princípio que o vulgo nos invoca apenas nos casos aparentemente miraculosos e sobrenaturais. Reconhecem que o espírito e a inteligência são, não apenas a causa última e original de todas as coisas, mas também a única causa e a causa imediata de todo evento que aparece na natureza. Pretendem que os objetos geralmente denominados causas não são em realidade nada mais do que ocasiões, e que o verdadeiro e direto princípio de todo efeito não é nenhum poder ou força natural, mas a vontade do Ser Supremo, que quer que tais objetos particulares estejam

sempre ligados entre si. Em vez de dizer que uma bola de bilhar move outra por uma força derivada do autor da natureza, dizem eles que a própria divindade move a segunda bola por um ato da vontade, em consequência das leis gerais impostas a si mesma no governo do universo. Mas os filósofos, persistindo em suas investigações, descobrem que, do mesmo modo que ignoramos totalmente o poder do qual depende a ação mútua dos corpos, ignoramos também o poder do qual depende a operação do espírito sobre o corpo ou do corpo sobre o espírito; e não somos capazes, a partir de nossos sentidos ou de nossa consciência, de assinalar o princípio último tanto num caso como no outro. A mesma ignorância, portanto, os leva à mesma conclusão. Afirmam que a divindade é a causa imediata da união da alma e do corpo, e que não são os órgãos dos sentidos que, agitados pelos objetos externos, produzem as sensações no espírito; porém, trata-se de um ato da vontade de nosso onipotente Criador que excita uma dada sensação em consequência de um movimento do órgão. De maneira análoga, não é nenhuma energia da vontade que produz o movimento local de nossos membros: é Deus mesmo quem se deleita em ajudar nossa vontade, em si mesma impotente, e em ordenar o movimento que erroneamente atribuímos ao nosso próprio poder e à nossa própria eficácia. Os filósofos não se detêm nesta conclusão. Às vezes estendem a mesma inferência ao próprio espírito em suas operações internas. Nossa visão mental ou nossa concepção de ideias nada mais é do que uma revelação que nos faz nosso Criador. Quando voluntariamente dirigimos nossos pensamentos para um objeto e suscitamos sua imagem na fantasia, não é a vontade que cria esta ideia, é o Criador Universal quem a descobre e a revela ao espírito. Assim, segundo esses filósofos, toda coisa está plena de Deus. Descontentes com o princípio de que nada existe a não ser por sua vontade, de que nada possui poder senão por sua concessão, despojam tanto a natureza como todos os seres criados de todo poder a fim de tornar sua subordinação a Deus ainda mais sensível e imediata. Não consideram que, mediante esta teoria, diminuem, em vez de aumentar, a grandeza desses atributos que pretendem tanto celebrar. Certamente, comprova-se mais poder em Deus, delegando às criaturas inferiores certa porção do poder do que fazendo-o produzir tudo por sua vontade imediata. Demonstra mais sabedoria organizar a princípio toda estrutura do universo com tanta perfeição que, por si mesmo e por sua própria operação, pode servir completamente aos desígnios da providência, do que obrigar o grande Criador a ajustar e a animar constantemente toda a engrenagem dessa prodigiosa máquina.

[22] Mas, se quisermos refutar filosoficamente esta teoria, talvez as duas seguintes reflexões sejam suficientes.

[23] Em primeiro lugar, parece-me que a teoria referente à energia e ação universal do Ser Supremo afigura-se bastante arrojada para convencer quem tenha suficiente consciência da debilidade da razão humana e dos estreitos limites que a confinam em todas as suas operações. Embora a cadeia de argumentos conduzindo a ela seja logicamente correta, persiste a forte suspeita, senão uma certeza absoluta, de que ela nos levou a ultrapassar o alcance de nossas faculdades conduzindo-nos a conclusões tão extraordinárias e distanciadas da vida diária e da experiência. Somos levados ao país das fadas, bem antes de chegarmos aos últimos estágios de nossa teoria; e lá não temos motivos para confiar em nossos métodos usuais de argumentação, nem de supor que nossas analogias e probabilidades usuais tenham alguma autoridade. Nossa linha é muito curta para sondar a imensidão de semelhantes abismos. E por mais que pretendamos crer que em cada passo que damos nos guia uma espécie de verossimilhança e de experiência, podemos assegurar-nos de que essa experiência imaginária não tem autoridade quando a aplicamos a casos totalmente estranhos ao campo da experiência. Todavia, mais adiante teremos ocasião para retomar esse tópico.[14]

[24] Em segundo lugar, não consigo perceber nenhuma força nos argumentos que fundamentam esta teoria. De fato, ignoramos a maneira segundo a qual os corpos agem entre si. Sua força ou energia é totalmente incompreensível. Mas não ignoramos também de que maneira ou força um espírito, mesmo o Supremo Espírito,

[14] Seção XII [N. do A.].

age sobre si mesmo ou sobre um corpo? De onde, pergunto-vos, adquirimos essa ideia? Não temos sentimento ou consciência desse poder em nós mesmos. Não temos outra ideia do Ser Supremo a não ser aquela que aprendemos ao refletir sobre nossas próprias faculdades. Portanto, se nossa ignorância fosse uma boa razão para rejeitar algo, seríamos induzidos ao princípio de negar energia quer ao Ser Supremo quer à matéria mais vulgar. Certamente não entendemos bem as atividades de um como de outro. É mais difícil conceber que o movimento pode surgir do impulso que da vontade? Tudo o que conhecemos é nossa profunda ignorância em ambos os casos.[15]

Parte 2

[1] Mas apressemo-nos a concluir esta argumentação, que já se tem feito demasiado extensa. Temos procurado em vão uma ideia de poder ou de conexão necessária em todas as fontes de onde pudesse se originar. Parece que em casos isolados da atividade dos corpos não podemos jamais, pelo exame mais escrupuloso, descobrir outra coisa a não ser um evento acompanhando outro, sem que sejamos capazes de apreender a força ou o poder que faz agir a causa, ou alguma conexão entre ela e seu suposto efeito. A mesma dificuldade

[15] – Não é preciso examinar extensamente a vis inertiae (força da inércia), da qual tanto se tem falado na nova filosofia e que tem sido atribuída à matéria. Sabemos por experiência que um corpo em repouso ou movimento continua no mesmo estado até que é tirado dele por alguma causa e que o corpo que recebe o impulso incorpora o movimento do corpo impulsor. Estes são os fatos. Quando denominamos este processo de vis inertiae, apenas destacamos estes fatos sem a pretensão de ter uma ideia do poder de inércia, do mesmo modo que, quando falamos da gravidade, entendemos certos efeitos sem compreendermos esta força ativa. Isaac Newton nunca teve a intenção de despojar as causas segundas de toda a sua força ou energia, embora alguns de seus seguidores tenham tentado fundar esta teoria sob sua autoridade. Pelo contrário, o grande filósofo recorreu a um fluido etéreo ativo para explicar sua atração universal; assim mesmo foi tão cauteloso e modesto que admitiu que era apenas mera hipótese e que não devia apoiá-la sem recorrer a experimentos complementares. Devo confessar que algo extraordinário ocorre com o destino das opiniões. Descartes sugeriu esta doutrina da universal e única eficácia de Deus sem insistir nela. Malebranche e outros cartesianos fizeram dela o fundamento de sua filosofia. Sem dúvida, esta doutrina não tem autoridade na Inglaterra. Locke, Clarke e Cudworth não lhe prestaram nenhuma atenção e sempre supuseram que a matéria tem força real, embora subordinada e derivada. De que modo ela chegou a ter tanta importância entre os metafísicos modernos? [N. do A.]

ocorre quando se consideram as atividades do espírito sobre o corpo, nas quais notamos que o movimento do último segue a vontade do primeiro, mas não somos capazes de vislumbrar, ou conceder o laço que liga o movimento e a vontade, ou a energia pela qual o espírito produz o seu efeito. A autoridade da vontade sobre suas próprias faculdades e ideias não é nem um pouco mais compreensível. De modo que, resumindo, não aparece, em toda a natureza, um único exemplo de conexão passível de nossa concepção. Todos os eventos parecem totalmente soltos e separados. Um evento segue outro, porém jamais podemos observar um laço entre eles. Parecem estar em conjunção, mas jamais em conexão. E como não podemos jamais formar ideia de uma coisa que nunca se revelou aos nossos sentidos externos ou sentido interno, a conclusão necessária parece ser que não temos, definitivamente, ideia de conexão ou de poder, e que estes termos nada significam quando utilizados nos raciocínios filosóficos ou na vida diária.

[2] Entretanto, resta ainda um método para evitar esta conclusão, e uma fonte que ainda não examinamos. Quando um objeto ou evento natural se revela, não há sagacidade ou penetração que nos permita descobrir, ou mesmo conjeturar, sem o auxílio da experiência, qual evento resultará dele ou de levar-nos a antever além do objeto presente imediatamente à memória e aos sentidos. Mesmo depois de averiguarmos que num caso ou experimento um evento específico acompanha outro, não julgamos lícito formular uma regra geral ou predizer o que ocorrerá em situações análogas, pois seria temeridade imperdoável julgar todo o curso da natureza partindo de um único experimento, por mais exato e seguro que fosse. Mas quando determinada espécie de eventos se mostra sempre e em todas as situações conjuntada a outra, não sentimos escrúpulos de predizer um ao surgir o outro, utilizando-nos, pois, do único tipo de raciocínio que pode assegurar-nos sobre as questões de fato e de existência. Denominamos, então, um dos objetos, causa e o outro, efeito. Supomos que há alguma conexão entre eles; algum poder em um deles pelo qual infalivelmente produz o outro e atua com a máxima certeza e a mais forte necessidade.

[3] Parece, pois, que a ideia de uma conexão necessária entre os eventos surge de vários casos semelhantes em que ocorre a conjunção constante desses eventos, já que nenhum desses casos pode nos suscitar essa ideia, embora fossem examinados sob todos os ângulos e posições possíveis. No entanto, apesar de não haver em determinado número de casos algo a diferenciá-lo de um caso singular – suposto exatamente semelhante aos outros – destacamos apenas que, depois da repetição de casos semelhantes, o espírito é impelido pelo hábito, devido à aparição de um evento, a aguardar aquele que usualmente o acompanha e em acreditar em sua existência. Portanto, essa conexão que sentimos no espírito, essa transição costumeira da imaginação de um objeto para o seu acompanhante usual é o sentimento ou a impressão que origina a ideia de poder ou de conexão necessária. Não há nada a mais na ocorrência. Considerai o assunto de todos os ângulos e jamais encontrareis outra origem dessa ideia. Eis a única diferença entre um caso singular, do qual jamais podemos inferir a ideia de conexão, e vários casos semelhantes originando essa ideia. Uma pessoa que observa pela primeira vez, por exemplo, o movimento comunicado pelo impulso quando duas bolas se chocam não poderia afirmar que os eventos estavam em conexão, apenas poderia asseverar que entre eles havia conjunção. Observando em seguida vários exemplos de natureza semelhante, poderia então concluir afirmando que os fatos estão em conexão. Que tipo de alteração ocorreu originando essa nova ideia de conexão? Nenhuma, exceto que agora ela sente que esses eventos estão em conexão em sua imaginação, podendo facilmente antever a existência de um pelo aparecimento do outro. Afirmando, portanto, que um objeto está em conexão com outro, apenas queremos dizer que esses objetos têm adquirido uma conexão em nosso pensamento e provocam a inferência através da qual se chega a comprovar a existência de outro, conclusão um tanto extraordinária, porém baseada em número suficiente de evidências. Esta evidência não será enfraquecida tanto pela desconfiança total em relação ao entendimento como pelas dúvidas céticas levantadas contra toda conclusão nova e extraordinária. Nenhuma conclusão agrada mais ao ceticismo do que a que revela a debilidade e a estreiteza da esfera racional e das capacidades humanas.

[4] Que exemplo é mais poderoso do que o presente para mostrar a surpreendente ignorância e debilidade do entendimento? De fato, porque, se há alguma relação entre os objetos que visamos a apreender com perfeição, é aquela de causa e efeito. Nela se fundamentam todos os nossos raciocínios sobre as questões de fato ou de existência. Apenas por meio dessa relação podemos ter alguma segurança sobre os objetos distanciados do atual testemunho de nossa memória e dos sentidos. Esclarecer-nos como controlar e regular os eventos futuros através de suas causas é a única e imediata utilidade de todas as ciências. Portanto, nossos pensamentos e inquirições convergem em todo o momento para essa relação, embora as ideias que formamos a seu respeito sejam tão imperfeitas que é impossível definir com exatidão a causa, a não ser aquela derivada de algo que lhe é exterior e alheio. Objetos semelhantes sempre estão conjuntados a objetos semelhantes. Disto temos experiência. De acordo com esta experiência, portanto, podemos definir uma causa como um objeto seguido por outro, de tal forma que todos os objetos semelhantes ao primeiro são seguidos de objetos semelhantes ao segundo. Ou, em outras palavras: se o primeiro objeto não houvesse existido, o segundo nunca haveria existido. A aparição de uma causa sempre faz convergir o espírito, por uma transição costumeira, à ideia do efeito. Disto também temos experiência. Podemos, pois, de acordo com esta experiência, formular outra definição de causa e denominá-la um objeto seguido por outro e cuja aparição faz convergir o pensamento sempre para aquele outro. Embora estas duas definições sejam formuladas de circunstâncias alheias à causa, não podemos remediar este inconveniente ou elaborar definição mais perfeita que possa indicar na causa a circunstância que lhe dá uma conexão com seu efeito. Não temos nenhuma noção desta conexão, nem mesmo nenhuma ideia distinta da natureza daquilo que desejamos saber, quando nos esforçamos em concebê-la. Dizemos, por exemplo, que a vibração desta corda é a causa deste som particular. Mas, o que queremos dizer com esta afirmação? Ou queremos dizer que esta vibração é seguida deste som e que todas as vibrações semelhantes têm sido acompanhadas de sons semelhantes, ou que esta vibração é seguida deste som, e que, pela aparição de uma, o espírito se

antecipa aos sentidos e forma imediatamente a ideia da outra. Podemos considerar a relação de causa e efeito em quaisquer destas duas maneiras; mas além dessas não temos ideia dela.[16]

[5] Recapitulemos, portanto, os raciocínios desta seção: toda ideia é copiada de uma impressão ou de uma sensação precedentes; se não podemos localizar a impressão, podemos assegurar-nos de que não há ideia. Em todos os casos isolados da atividade dos corpos ou espíritos, não há nada que produza uma impressão, nem, por conseguinte, que possa sugerir uma ideia de poder ou de conexão necessária. Mas quando aparecem vários casos uniformes, e o mesmo objeto é sempre seguido pelo mesmo evento, então começamos a admitir a noção de causa e de conexão. Surge então um novo sentimento, ou nova impressão, ou seja, uma conexão costumeira no pensamento ou na imaginação entre um objeto e o seu acompanhante habitual; e este sentimento é a origem da ideia que procuramos. Com efeito, como esta ideia nasce de vários casos semelhantes, e não de um caso isolado, ela deve nascer da circunstância que faz diferir vários casos de cada caso individual. Ora, esta conexão ou transição costumeira da imaginação é a única circunstância que os faz diferir. Em todos

[16] Segundo estas explicações e definições, a ideia de poder é tão relativa como a de causa: ambas dizem respeito a um efeito ou a outro evento unido constantemente ao primeiro. Quando consideramos a circunstância desconhecida de um objeto, que fixa e determina o grau e a quantidade de seu efeito, denominamo-la por seu poder. E é do consenso geral entre os filósofos que o efeito é a medida do poder. Mas se eles tivessem uma ideia de poder, tal como é e em si mesmo, por que não poderiam medi-lo por si mesmo? Discutir para saber se a força de um corpo em movimento é proporcional à sua velocidade ou ao quadrado de sua velocidade não conduziria a nada se apenas se comparassem os efeitos em tempos iguais ou desiguais, mas, sim, mediante medida e comparação diretas. A frequência com que se usam termos como "força", "poder", "energia" etc., em todos os momentos da vida diária e em filosofia, não é uma prova de que conhecemos em quaisquer dos casos o princípio de conexão entre a causa e o efeito ou que podemos dar uma explicação conclusiva da produção de uma coisa pela outra. Estes termos – tais como são geralmente empregados – têm sentido muito vago e suas ideias são bastante incertas e confusas. Nenhum ser animado pode mover corpos externos sem o sentimento de um esforço, e todo ser animado tem um sentimento ou sensação de uma batida ou do choque de um corpo externo em movimento. Estas sensações, meramente animais e das quais jamais podemos inferir algo a priori, podem ser transferidas por nós a objetos inanimados e supô-los dotados de tais sensações, quer quando recebem ou comunicam o movimento. Com referência às energias que se exercem sem que nós lhes anexemos a ideia de comunicação de um movimento, consideramos apenas a conjunção constante dos eventos que experienciamos; como sentimos uma conexão costumeira entre as ideias, transferimos este sentimento aos objetos, pois não há nada mais usual do que aplicar aos corpos externos toda sensação interna por eles ocasionada [N. do A.].

os outros aspectos eles são semelhantes. O primeiro caso que vimos do movimento comunicado pelo choque de duas bolas de bilhar – para retomar este exemplo evidente – é exatamente semelhante e não importa que caso, no presente, se apresente a nós, excetuando apenas que, a princípio, não podíamos inferir um evento do outro, o que somos capazes de fazer agora, depois de tão extensa série de experiências uniformes. Não sei se o leitor apreenderá facilmente este raciocínio. Temeria torná-lo mais obscuro e complicado se multiplicasse as palavras e o considerasse sob vários aspectos. Em todos os raciocínios abstratos há um ponto de vista que, se afortunadamente o alcançamos, nos ilustra mais acerca do assunto que mediante toda a eloquência do mundo. Devemos aspirar a este ponto de vista e reservar os floreios da retórica para oportunidade mais adequada.

Seção VIII

Da liberdade e da necessidade

Parte 1

[1] Seria razoável esperar que acerca das questões que têm sido examinadas e discutidas cuidadosamente desde os primórdios da ciência e da filosofia houvesse ao menos acordo entre os disputantes sobre o significado de todos os termos e, transcorridos dois mil anos de inquirições, houvessem passado das palavras para o objetivo verdadeiro e real da controvérsia. Pois não seria mais fácil definir com exatidão os termos empregados no raciocínio e não considerar as definições um mero reflexo de palavras, mas objeto de exame e investigações futuras? Mas se considerarmos o assunto mais de perto, seremos obrigados a tirar uma conclusão oposta, fundada nesta única circunstância: visto que uma controvérsia perdura e continua ainda sem decisão, deve-se presumir que há alguma ambiguidade

conceitual e que os adversários atribuem ideias diferentes para os termos empregados na controvérsia. Com efeito, supondo-se que as faculdades espirituais são naturalmente semelhantes em todos os indivíduos, de outro modo nada seria mais infrutífero do que raciocinar e discutir juntos – seria impossível, se os homens atribuíssem as mesmas ideias para os seus termos, que continuassem por tanto tempo a formular opiniões diferentes sobre o mesmo objeto, especialmente se comunicam seus pareceres e cada uma das facções busca argumentos em toda parte a fim de obter a vitória sobre seus antagonistas. Certamente, se os homens enveredam por problemas totalmente afastados da capacidade humana, tais como os referentes à origem do mundo, à organização do sistema intelectual ou ao reino dos espíritos, podem longa e infrutiferamente discutir sem atingir uma solução conclusiva. Mas, se o problema diz respeito a qualquer objeto da vida diária e da experiência, pensar-se-ia que nada poderia manter o debate indecidido por tanto tempo, exceto algumas expressões ambíguas, que mantêm ainda os adversários à distância, impedindo-os de se porem em íntimo contato.

[2] Esta tem sido a situação da tão longamente debatida questão da liberdade e da necessidade. E se não estiver muito equivocado, veremos que todos os homens, tanto eruditos como ignorantes, sempre têm sustentado idêntica opinião acerca do assunto a ponto de fazer crer que algumas definições inteligíveis teriam imediatamente posto fim a toda controvérsia. Reconheço quc esta questão tem sido bastante agitada por todas as partes e que tem arrastado os filósofos a tal labirinto de sofismas obscuros que não espanta se um leitor amante da tranquilidade queira fazer-se de surdo sobre ela, já que não espera do debate instrução ou entretenimento. Contudo, o tipo de argumentação proposto aqui poderá, talvez, servir para renovar sua curiosidade e, como apresenta inovação, promete, pelo menos, uma solução parcial da controvérsia sem perturbar em demasia sua tranquilidade com raciocínios complicados e obscuros.

[3] Pretendo mostrar, portanto, que todos os homens sempre têm estado concordes com as doutrinas da necessidade e da liberdade – segundo qualquer significado razoável que se possa atribuir

a estes termos – e que até agora toda a controvérsia tem girado em torno de meras palavras.

[4] Toda a gente reconhece que a matéria, em todas as suas funções, se acha animada por uma força necessária, e que todo efeito natural está determinado com exatidão pela energia de sua causa, de forma que nenhum outro efeito poderia resultar dela em tais condições particulares. O grau e a direção de cada movimento estão prescritos pelas leis da natureza com tal exatidão, que seria tão difícil fazer surgir um grau ou direção diferente ao que se produz na realidade como fazer nascer uma criatura viva do choque de dois corpos. Portanto, se quisermos conceber uma ideia justa e exata da necessidade, devemos examinar a origem dessa ideia quando a aplicarmos às ações corporais.

[5] Parece evidente que jamais teríamos chegado à menor ideia de necessidade ou de conexão entre os objetos naturais, se todas as cenas da natureza estivessem continuamente mudando, de modo que não houvesse dois eventos semelhantes e se cada objeto fosse completamente novo, sem nenhuma similitude com qualquer coisa que foi antes vista. Poderíamos dizer, em tal suposição, que um objeto ou evento resulta de outro e não que um foi produzido pelo outro. A relação de causa e efeito seria completamente desconhecida dos homens. E, por conseguinte, terminariam as inferências e os raciocínios sobre as operações naturais; a memória e os sentidos seriam as únicas vias de acesso do espírito na apreensão de uma existência real. Portanto, nossa ideia de necessidade e de causa surge totalmente da uniformidade verificada nas operações da natureza, na qual os objetos semelhantes estão constantemente conjuntados e o espírito é determinado pelo costume a inferir um pelo aparecimento do outro. Estas duas circunstâncias compreendem toda a necessidade que atribuímos à matéria. Além da conjunção constante de objetos semelhantes e da consequente inferência de um para o outro, não temos nenhuma ideia de qualquer necessidade ou conexão.

[6] Parece, portanto, que todos os homens têm sempre admitido – sem nenhuma dúvida ou hesitação – que estas duas circunstâncias ocorrem em suas ações voluntárias e nas operações do espírito;

conclui-se daqui que todos os homens sempre têm estado de acordo com a doutrina da necessidade e que, até o presente, têm discutido simplesmente por não se terem entendido entre si.

[7] Podemos certamente satisfazer-nos acerca da primeira circunstância, isto é, da conjunção constante e regular dos eventos similares, com as considerações que surgem. Toda a gente reconhece que há grande uniformidade nas ações humanas em todas as nações e em todas as épocas, e que a natureza humana sempre permanece igual em seus princípios e em suas operações. Os mesmos motivos produzem sempre as mesmas ações; os mesmos eventos resultam das mesmas causas. A ambição, a avareza, o amor-próprio, a vaidade, a amizade, a generosidade e o espírito público, paixões misturadas em vários graus e distribuídas pela sociedade, têm sido, desde o começo do mundo, e ainda são, a fonte de todas as ações e empreendimentos que se tem sempre observado entre os homens. Quereis conhecer os sentimentos, as inclinações e o modo de viver dos gregos e dos romanos? Estudai bem o temperamento e as ações dos franceses e dos ingleses: não estareis muito equivocados se transferirdes aos primeiros a maioria das observações que fizestes sobre os segundos. A humanidade é bastante parecida, em todos os tempos e lugares, e a história nada nos informa de novo ou estranho a esse respeito. Seu principal papel restringe-se em descobrir os princípios universais e constantes da natureza humana, mostrando-nos os homens em variadas circunstâncias e situações e suprindo-nos de materiais, dos quais podemos formar nossas observações e ficarmos familiarizados com as fontes regulares da ação e da conduta humana. Os relatos de guerras, intrigas, partidos políticos e revoluções são outras tantas coleções de experimentos, por meio dos quais o político ou o filósofo moral fixa os princípios de sua ciência, do mesmo modo que o médico ou o filósofo da natureza se familiariza com a natureza das plantas, dos minerais e de outros objetos externos, pelas experiências que fazem sobre eles. A terra, a água e os outros elementos examinados por Aristóteles e Hipócrates são tão parecidos com aqueles que no presente estão sob nossa observação, como os homens descritos por Políbio e Tácito são semelhantes aos homens que governam atualmente o mundo.

[8] Se um viajante, ao regressar de um país longínquo, nos descrevesse a existência de homens totalmente diferentes daqueles que temos conhecido, desprovidos totalmente de avareza, de ambição ou de espírito vingativo e reconhecendo apenas o prazer da amizade, da generosidade e do espírito público, descobriríamos imediatamente a falsidade do relato e lhe demonstraríamos que mente, com a mesma certeza como se houvesse acumulado sua narrativa com contos de centauros e dragões, milagres e prodígios. E se quisermos desacreditar alguma falsificação histórica, não devemos usar argumentos mais adequados do que os que provam que as ações atribuídas a uma pessoa são diretamente contrárias à ordem natural das coisas, e que nenhum motivo humano, em tais circunstâncias, jamais poderia tê-lo induzido a tal conduta. Devemos suspeitar da veracidade de Quinto Cúrcio, quando descreve a coragem sobrenatural de Alexandre, pela qual ele foi levado a atacar sozinho multidões, e quando descreve sua força e sua atividade sobrenaturais, com as quais pôde resistir-lhes. Desse modo, admitimos facilmente a uniformidade nos motivos e ações humanas, como também nas operações do corpo.

[9] Daqui, igualmente, deriva a influência benéfica da experiência adquirida por uma longa vida, pela variedade de ocupações e convivência, instruindo-nos acerca dos princípios da natureza humana e regrando tanto nossa conduta como nossa especulação. Por meio desse guia, elevamo-nos ao conhecimento das inclinações e motivos humanos, partindo de suas ações, de suas manifestações e mesmo de seus gestos; e de novo descemos para a interpretação de suas ações graças ao nosso conhecimento de seus motivos e inclinações. As observações gerais armazenadas durante o transcurso da experiência dão-nos o elo condutor da natureza humana, e nos ensinam a desfiar todas as suas complicações. Nem os pretextos e nem as aparências voltam a enganar-nos. Supõe-se que as declarações feitas em público são especiosos disfarces de uma causa. E embora se conceda à virtude e à honra seu próprio peso e autoridade, esse perfeito desinteresse, que é com tanta frequência proclamado, jamais se esperaria de multidões e partidos políticos, raramente de seus condutores e apenas, às vezes, de indivíduos de qualquer posição ou categoria. Mas, se não houvesse uniformidade nas ações

humanas, e se todo experimento que pudéssemos fazer desse gênero fosse irregular e anômalo, seria impossível coletar algumas observações gerais sobre a humanidade e nenhuma experiência, por mais que a reflexão a houvesse assimilado, serviria para algum fim. Porque o velho agricultor é mais hábil em sua profissão do que o jovem principiante, apenas porque há certa uniformidade na ação do sol, da chuva e da terra na produção de legumes, e porque a experiência ensina ao que pratica há muito tempo as regras que governam e dirigem essas operações.

[10] Não devemos, portanto, esperar que essa uniformidade das ações humanas se estenda de tal maneira que todos os homens, nas mesmas circunstâncias, sempre agirão exatamente da mesma maneira, sem fazer nenhuma concessão à diversidade dos caracteres, dos preconceitos e das opiniões. Semelhante uniformidade, em todos os aspectos, não se encontra em nenhuma parte da natureza. Pelo contrário, ao observar a variedade de condutas em diferentes homens, tornamo-nos aptos para formar uma grande variedade de máximas que, sem dúvida, ainda supõem um grau de uniformidade e regularidade.

[11] Os costumes dos homens são diferentes em épocas e países diferentes? Daqui aprendemos a grande força do costume e da educação, os quais modelam o espírito humano desde sua infância e lhe formam o caráter de modo estável. O comportamento e a conduta de um sexo são muito diferentes dos do outro? Desse modo é que chegamos a conhecer os diferentes caracteres que a natureza tem imprimido nos sexos e que ela mantém com regularidade e constância. As ações de uma mesma pessoa são muito diversas nos diferentes períodos de sua vida, desde sua infância até sua velhice? Isso dá lugar a várias considerações gerais acerca da mudança gradual de nossos sentimentos e inclinações, e das diferentes máximas que prevalecem nas diferentes idades das criaturas humanas. Mesmo os caracteres peculiares de cada indivíduo têm uma uniformidade em sua ação; de outro modo, nosso conhecimento das pessoas e nossa observação de sua conduta jamais nos poderiam ensinar acerca de suas disposições ou servir para dirigir nosso comportamento diante delas.

[12] Admito que seja possível encontrar ações que parecem não ter conexão regular com quaisquer motivos conhecidos, e que são exceções a todas as regras de conduta que se estabeleceram para o governo dos homens. Mas se desejássemos saber que juízo devemos formar das ações tão irregulares e extraordinárias, poderíamos considerar as opiniões que nutrimos comumente com respeito a eventos irregulares, que aparecem na ordem natural das coisas e nas operações dos objetos externos. Todas as causas não estão conjuntadas aos efeitos usuais com igual uniformidade. Um artesão que somente manipula matéria inerte pode fracassar em seu intento, tanto como o político que dirige a conduta de seres sensatos e inteligentes.

[13] O homem comum, contentando-se apenas com a aparência das coisas, atribui a incerteza dos eventos a uma incerteza das causas, decorrendo das últimas as frequentes falhas em sua influência habitual, embora não encontrem obstáculos impedindo sua ação. Mas os filósofos, verificando que na maioria dos fenômenos naturais há uma enorme variedade de fontes e princípios ocultos em razão de sua pequenez ou de seu afastamento, consideram que, pelo menos, é possível que a oposição dos eventos não proceda de uma contingência da causa, mas da operação desconhecida de causas contrárias. Essa possibilidade se converte em certeza, quando observam posteriormente, depois de cuidadoso exame, que uma contrariedade de efeitos sempre denuncia uma contrariedade de causas, e procede de sua mútua oposição. Um camponês, não encontrando melhor explicação, para a parada de um relógio, diz que geralmente não funciona bem. Contudo, um artesão percebe facilmente que igual força da mola ou do pêndulo exerce sempre a mesma influência sobre as engrenagens, não produzindo seu efeito habitual, devido talvez a um grão de poeira que detém todo o movimento. Observando vários casos paralelos, os filósofos estabelecem como um princípio que a conexão entre todas as causas e efeitos é igualmente necessária, e que sua aparente incerteza em certos casos decorre da desconhecida oposição de causas contrárias.

[14] Assim, por exemplo, quando o corpo humano, manifestando os sintomas usuais de saúde ou de doença, desaponta nossa expectativa; quando os medicamentos não atuam com seus

poderes habituais; quando eventos irregulares resultam de uma causa determinada, o filósofo e o médico não se surpreendem com isso, nem são jamais tentados a negar – em sua totalidade – a necessidade e a uniformidade daqueles princípios que regulam a organização corporal. Entendem que o corpo humano é uma máquina extremamente complicada; que várias forças desconhecidas nele ocultas se acham afastadas de nossa compreensão; que devemos sempre considerá-lo bastante incerto em seus movimentos; e que, portanto, os eventos irregulares revelados exteriormente não podem constituir prova de que as leis naturais não se processam com a máxima regularidade em suas funções e movimentos internos.

[15] O filósofo, se é coerente, deve estender o mesmo raciocínio às ações e volições dos seres inteligentes, visando assim mostrar que as decisões humanas mais irregulares e inesperadas se explicam com frequência quando se conhecem todas as circunstâncias do caráter e da situação humanas. Uma pessoa com disposições amáveis pode responder de maneira impertinente, mas porque ela está com dor de dentes ou ainda não jantou. Um homem de modos grosseiros pode revelar vivacidade incomum ao seu comportamento porque recebeu de repente uma grande fortuna. Mesmo considerando-se que um ato, como às vezes ocorre, não pode ser explicado por quem o praticou ou pelos circundantes, reconhecemos que, em geral, os caracteres humanos são até certo ponto inconstantes e irregulares. De certo modo, é este o caráter constante da natureza humana, embora se aplicando mais particularmente às pessoas destituídas de regras estáveis em sua conduta, mas que atuam numa sequência contínua de capricho e de inconstância. Apesar dessas aparentes irregularidades, os princípios e motivos internos devem atuar de modo uniforme, da mesma maneira que se supõe que os ventos, a chuva, as nuvens e as outras variações do tempo são governados por princípios estáveis, embora a sagacidade e a investigação humana não os possam facilmente desvendar.

[16] Dessa maneira, parece que não apenas a conjunção entre os motivos e os atos voluntários é tão regular e uniforme (de

modo análogo à relação de causa e efeito em qualquer aspecto da natureza), mas, também, que esta conjunção regular tem sido reconhecida universalmente e jamais tem sido tema de debate, quer pela filosofia quer na vida diária. Ora, como derivam da experiência passada todas as experiências sobre o futuro e como concluímos que os objetos que sempre encontramos conjuntados sempre estarão conjuntados, pode, pois, parecer supérfluo provar que esta experimentada uniformidade das ações humanas é a fonte de onde tiramos inferências que a elas se referem. Mas, a fim de mostrar maior número de aspectos dos argumentos, insistiremos também, embora sumariamente, neste último tópico.

[17] Em todas as sociedades, pode-se verificar que a mútua dependência entre os homens é tão grande que raramente uma ação humana é totalmente completa em si mesma ou se realiza sem alguma referência às ações dos demais, constituindo assim em requisito necessário para que possa responder por completo à intenção de quem a realiza. O artesão paupérrimo, que trabalha sozinho, espera pelo menos a proteção do magistrado assegurando-lhe o gozo do fruto de seu trabalho. Também espera que, quando leva suas mercadorias ao mercado e as oferece a um preço razoável, encontre compradores e tenha poder graças ao dinheiro que obteve para comprar dos outros as mercadorias que são necessárias para a sua subsistência. À medida que os homens estendem suas relações e tornam mais complexas suas comunicações com outros homens, sempre compreendem em seus planos de vida uma maior variedade de atos voluntários que esperam, por motivos justos, que colaborem com sua própria ação. Em todas essas conclusões tiram suas regras da experiência passada, do mesmo modo que em seus raciocínios sobre objetos externos; acreditam firmemente que tanto os homens como os elementos devem continuar em suas operações tal como foram sempre encontrados. Um fabricante conta ao mesmo tempo com o trabalho de seus empregados para a execução de qualquer obra como com a maquinaria empregada e ficaria igualmente surpreso se se decepcionasse em suas expectativas. Numa palavra, a inferência e o raciocínio experimental referentes aos atos de outrem incorporam-se

tanto na vida humana, que nenhum homem, enquanto está desperto, deixa de utilizá-los por um momento sequer. Não temos razão, portanto, para afirmar que toda a humanidade sempre tem concordado com a doutrina da necessidade tal como a definição e a explicação dadas mais acima?

[18] Os filósofos não têm jamais mantido, a este respeito, opinião diferente daquela da plebe. Porque, sem mencionar que quase todas as ações de sua existência supõem esta opinião, há apenas alguns setores do saber especulativo aos quais ela não é essencial. O que seria da história, se não tivéssemos confiança na veracidade do historiador, de acordo com a experiência que temos adquirido dos homens? Como a política poderia ser uma ciência, se as leis e as formas de governo não tivessem influência uniforme sobre a sociedade? Onde estaria o fundamento da moral, se cada caráter particular não tivesse um determinado poder de produzir sentimentos particulares e se esses sentimentos não influenciassem nossas ações de maneira constante? E quais poderiam ser nossas pretensões quando aplicamos nossa crítica a um poeta ou a um autor elegante, se não pudéssemos decidir se a conduta e os sentimentos de seus personagens são ou não são naturais, em tais caracteres e em tais circunstâncias? Parece quase impossível, portanto, que nos ponhamos a fazer ciência ou atuar de alguma maneira, sem reconhecer a doutrina da necessidade, e essa inferência que vai dos motivos aos atos voluntários, dos caracteres às condutas.

[19] E, certamente, quando consideramos quão exatamente se entrelaçam a evidência natural e a evidência moral, formando uma única corrente de argumentos, não teremos escrúpulos em admitir que ambas são da mesma natureza e que derivam dos mesmos princípios. Um prisioneiro desprovido de dinheiro e influência descobre a impossibilidade de sua fuga, quer considerando a obstinação do carcereiro, quer verificando as paredes e grades que o cercam; e, em todos os seus esforços para conseguir libertar-se, opta antes trabalhar sobre a pedra e o ferro dos últimos do que sobre a natureza inflexível dos primeiros. O mesmo prisioneiro, ao ser conduzido para o cadafalso, prevê

sua morte com tanta certeza devido à constância e fidelidade dos guardas como à operação do machado ou da roda. Seu espírito percorre uma certa série de ideias: a negativa dos soldados em consentirem em sua fuga, a ação do carrasco, a separação de sua cabeça de seu corpo, a sangria, movimentos convulsivos e a morte. Há aqui um encadeamento complexo de causas naturais e de atos voluntários, mas o espírito não sente nenhuma diferença ao passar de um elo a outro. Não se sente também menos seguro do evento futuro, como se este estivesse ligado aos objetos presentes à memória e aos sentidos por uma série de causas, aglutinadas entre si pelo que nos agrada denominar de necessidade física. A experiência tem o mesmo efeito sobre o espírito, quer os objetos unidos sejam motivos, volição e ações, quer sejam uma figura e um movimento. Podemos mudar o nome das coisas, porém sua natureza e sua ação sobre o entendimento não mudam jamais.

[20] Se um homem, que sei que é honesto e rico e com o qual mantenho íntima amizade, vem à minha casa onde estou rodeado por meus criados, estou bem seguro de que não me apunhalará antes de sair a fim de roubar meu tinteiro de prata e desse evento suspeito tanto como de que venha abaixo a casa, que é nova e solidamente construída e alicerçada. Mas ele poderia ser acometido de uma súbita e desconhecida loucura. E do mesmo modo pode ocorrer um repentino terremoto que sacuda minha casa e a faça cair sobre minha cabeça. Substituirei, pois, a hipótese. Direi que tenho certeza de que ele não colocará sua mão no fogo deixando-a nele até que se consuma. Este evento, posso prevê-lo com a mesma segurança, penso eu, como prevejo que, se ele se jogar pela janela e não encontrar nenhum obstáculo, não permanecerá um momento sequer suspenso no ar. Não existe nenhuma forma de loucura desconhecida que possa conferir a menor possibilidade ao primeiro evento, tão contrário a todos os princípios conhecidos da natureza humana. Um homem que ao meio-dia deixa sua bolsa cheia de ouro na calçada de Charing Cross pode esperar que ela voará como uma pena ou que uma hora depois estará intacta. Mais da metade dos raciocínios humanos contém inferências de natureza semelhante, acompanhadas

de um maior ou menor grau de certeza proporcional à nossa experiência da conduta habitual dos homens em tais situações particulares.

[21] Tenho frequentemente considerado qual poderia ser a razão pela qual toda a humanidade, embora tenha sempre e sem hesitação reconhecido a doutrina da necessidade em toda sua ação prática e em todos os seus raciocínios, manifesta-se, contudo, relutante em reconhecê-la em palavras, tendo antes mostrado, em toda época, uma tendência a professar opinião contrária. O fato, penso eu, pode ser explicado da seguinte maneira: se examinamos as ações dos corpos e a produção dos efeitos a partir de suas causas, veremos que nenhuma de nossas faculdades pode levar-nos mais longe no conhecimento dessa relação que a simples constatação de uma conjunção constante entre objetos particulares, e de uma tendência do espírito em passar, por uma transição costumeira, do aparecimento de um para a crença no outro. Mas, embora esta conclusão acerca da ignorância humana seja o resultado do mais cuidadoso exame sobre o assunto, os homens ainda mantêm uma forte tendência em acreditar que penetraremos mais profundamente nos poderes da natureza e que perceberemos qualquer coisa semelhante a uma conexão necessária entre a causa e o efeito. Quando dirigem de novo suas reflexões para as operações de seus próprios espíritos e não sentem tal conexão entre o motivo e a ação, são então levados a supor que há uma diferença entre os efeitos resultantes da força material e aqueles que nascem do pensamento e da inteligência. Mas desde que estamos convencidos de que nada sabemos a mais sobre toda espécie de causalidade do que unicamente a conjunção constante de objetos e a consequente inferência do espírito de um a outro, e admitindo-se que toda gente concorda que estas duas circunstâncias intervêm nos atos voluntários, podemos mais facilmente reconhecer que a mesma necessidade é comum a todas as causas. E embora este raciocínio possa contradizer os sistemas de muitos filósofos, atribuindo a necessidade às determinações da vontade, veremos, depois de refletir, que eles discordam somente em palavras e não em seu sentimento real. A necessidade, no sentido que a entendemos

aqui, nunca tem sido rejeitada, nem pode ser rejeitada, penso eu, por um filósofo. Pode-se apenas pretender, talvez, que o espírito deve perceber, nas operações materiais, uma conexão adicional entre a causa e o efeito; e que esta conexão não intervém nas ações voluntárias dos seres inteligentes. Ora, se isso ocorre assim ou não, somente a investigação pode revelar; é, portanto, dever desses filósofos justificar sua afirmativa, definindo ou descrevendo essa necessidade e no-la mostrando nas operações das causas materiais.

[22] Parece, certamente, que se começa pelo lado errado sobre a questão da liberdade e da necessidade quando nela se penetra examinando as faculdades da alma, a influência do entendimento e as operações da vontade. Dever-se-ia, primeiramente, discutir um problema mais simples, a saber, as ações do corpo e da matéria bruta, e verificar se se pode formar alguma ideia da causalidade e da necessidade, além de uma conjunção constante de objetos e a subsequente inferência do espírito de um para o outro. Se estas circunstâncias formam, com efeito, toda a necessidade que concebemos na matéria, e se estas circunstâncias intervêm também, por reconhecimento universal, nas operações do espírito, a discussão está terminada; pelo menos, deve-se reconhecer que ela é, de agora em diante, puramente verbal. Mas, contanto que suponhamos temerariamente que temos uma ideia adicional da necessidade e da causalidade nas operações dos objetos externos, ao mesmo tempo que nada mais podemos encontrar nas ações voluntárias do espírito, não há possibilidade de conduzir a questão para uma solução determinada enquanto procedemos sobre uma hipótese tão crônica. O único método adequado para esclarecer-nos consiste em subir mais alto e, examinando a estreiteza do campo da ciência que se aplica às causas materiais, convencer-nos de que tudo que apreendemos delas se restringe à conjunção constante e à inferência acima mencionadas. Podemos, talvez, notar que é com relutância que somos induzidos a fixar limites tão estreitos ao entendimento humano; mas a seguir não iremos encontrar obstáculos ao aplicar esta doutrina aos atos da vontade. Pois, como é evidente que estas ações estão em conjunção regular com os motivos, as circunstâncias e os caracteres, e como sempre tiramos inferências de uns aos outros, somos obrigados a reconhecer em palavras aquela necessidade que

já temos reconhecido em todas as deliberações de nossa vida e em todos os passos de nossa conduta e de nossas ações.[17]

[23] Mas para realizar nosso projeto de reconciliação relativo à questão da liberdade e da necessidade – a mais controvertida questão da metafísica, a mais litigiosa das ciências – não precisamos de muitas palavras para provar que todos os homens sempre têm concordado a respeito da doutrina da liberdade, assim como com a da necessidade, e que toda discussão a esse respeito também tem sido, até agora, puramente verbal. Pois o que se entende por liberdade quando se aplica a palavra às ações voluntárias? Não podemos certamente dizer que esses atos têm tão pouca conexão com os motivos, as inclinações e as circunstâncias, que um não deriva do outro com certo grau de uniformidade e que um não proporciona nenhuma inferência pela qual podemos concluir a existência do outro. Pois estes são fatos patentes e reconhecidos. Por liberdade, então, podemos apenas entender um poder de agir ou de não agir segundo as determinações da vontade; isto é, se escolhermos permanecer em repouso, podemos; mas, se escolhermos mover-nos,

---

[17] O predomínio da doutrina da liberdade pode ser explicado por outra causa, ou seja, uma falsa sensação ou aparente experiência de liberdade ou indiferença que temos ou que podemos ter em muitos de nossos atos. A necessidade de uma ação da matéria ou do espírito não é, propriamente falando, uma qualidade no agente, mas em qualquer ser pensante e inteligente que pode considerar a ação, e ela consiste principalmente nas determinações de seus pensamentos para inferir a existência desta ação a partir de alguns objetos precedentes. De modo que a liberdade, quando oposta à necessidade, não é senão a ausência desta determinação e a presença de certo abandono ou indiferença que sentimos ao passar ou não passar da ideia de um objeto à de outro que o sucede. Podemos, assim, observar que, mesmo ao refletir sobre os atos humanos, raramente sentimos esse abandono ou indiferença, mas somos geralmente capazes de inferi-los de seus motivos e das disposições de quem os realiza; sem dúvida, ao realizar estes mesmos atos, notamos frequentemente algo parecido a isso. E, como é fácil confundir todos os objetos semelhantes, isto tem sido usado como prova demonstrativa e mesmo intuitiva da liberdade humana. Sentimos que nossos atos estão sujeitos à nossa vontade na maioria dos casos e imaginamos que sentimos a vontade como não subordinada a nenhuma coisa porque, quando por afirmação contrária somos provocados a tratar de fazê-lo, sentimos que ela se move facilmente em todas as direções e produz uma imagem de si mesma (ou uma veleidade, como tem sido denominada nas escolas), embora sem decidir para que lado ela se dirige. Essa imagem ou débil movimento nesse momento poderia (estamos persuadidos disso) haver chegado a ser a própria coisa, porque, se isso fosse negado, veríamos, numa segunda tentativa, que agora pode chegar a sê-lo. Não consideramos que o fantástico desejo de mostrar a liberdade é aqui o motivo de nossas ações. Parece certo que, qualquer que seja a maneira pela qual sentimos em nós a liberdade, um espectador pode geralmente inferir nossos atos de nossos motivos e do nosso caráter, e mesmo quando não pode conclui geralmente que poderia se conhecesse perfeitamente todas as circunstâncias de nossa situação e temperamento e as fontes mais secretas de nossa disposição. Esta é, portanto, a verdadeira essência da necessidade, segundo a doutrina anterior [N. do A.].

também podemos. Ora, reconhece-se universalmente que esta liberdade incondicional encontra-se em todo homem que não esteja prisioneiro ou acorrentado. Logo, aqui não há assunto para discussão.

[24] Acerca de qualquer definição que possamos dar de liberdade, devemos cuidadosamente observar duas circunstâncias indispensáveis: primeiro, a definição deve estar de acordo com a evidência do fato; segundo, a definição deve concordar com ela mesma. Se observarmos estas circunstâncias e se tornarmos nossa definição inteligível, estou persuadido de que todos os homens terão uma só opinião a respeito deste assunto.

[25] Admite-se universalmente que nada existe sem uma causa de sua existência e que a palavra 'acaso", se examinada com cuidado, é puramente negativa e não designa nenhuma força real que exista em qualquer lugar na natureza. Mas se se pretende que algumas causas são necessárias enquanto outras não o são, vemos então a vantagem das definições. Se alguém definisse uma causa, sem compreender, como elemento da definição, a conexão necessária com o seu efeito, e se mostrasse distintamente a origem da ideia expressa pela definição, desistiria prontamente de toda controvérsia. Mas, se se aceita a explicação anterior do assunto, isso deve ser absolutamente impraticável. Se os objetos não tivessem entre si uma conjunção regular, nunca formaríamos qualquer noção de causa e de efeito; esta conjunção regular produz a inferência no entendimento, que é a única conexão da qual podemos ter alguma compreensão. Quem pretender definir a causa, excluindo estas circunstâncias, será obrigado a empregar termos ininteligíveis ou dar sinônimos do termo que tenta se esforçar por definir.[18] Se se admite a definição acima citada, a liberdade, oposta à necessidade e não à restrição, é a mesma coisa que o acaso e a respeito do qual toda a gente está de acordo que não existe.

---

[18] – Assim, se uma causa fosse definida como o que produz algo, é fácil observar que produzir é sinônimo de causar. Do mesmo modo, se se definisse uma causa como aquilo por meio do qual algo existe, esta definição está sujeita à mesma objeção. O que se entende pelos termos por meio do qual? Se se houvesse dito que a causa é aquilo depois do qual algo existe constantemente, teríamos entendido os termos. Porque isto é, na verdade, tudo o que sabemos acerca do assunto. E esta constância constitui a verdadeira essência da necessidade, visto que não temos outra ideia dela [N. do A.].

Parte 2

[1] Não há método mais comum de raciocinar – e não obstante nenhum mais censurável – do que refutar as hipóteses nas discussões filosóficas sob pretexto de conterem perigosas consequências para a religião e a moral. Quando uma opinião conduz ao absurdo, é certamente falsa, mas não é evidente que uma opinião seja falsa porque suas consequências são perigosas. Deve-se evitar totalmente tais lugares-comuns, pois eles em nada auxiliam na descoberta da verdade, servindo apenas para tornar odiosa a pessoa de um adversário. Faço esta observação de modo geral, sem pretender tirar qualquer vantagem dela. Submeto-me francamente a um exame desse gênero, e ousarei afirmar que as duas doutrinas, da necessidade e da liberdade, tais como foram explicadas acima, não são apenas compatíveis com a moral, mas são absolutamente essenciais para apoiá-la.

[2] A necessidade pode definir-se de duas maneiras, de acordo com duas definições de causa, da qual ela constitui uma parte essencial. Consiste, ou na conjunção constante de objetos semelhantes, ou na inferência que faz o entendimento de um objeto a outro. Ora, a necessidade, nestes dois sentidos – que, certamente, em essência são a mesma coisa – é reconhecida por toda a gente, embora tacitamente, nas escolas, no púlpito e na vida diária, ela pertença à vontade humana; jamais alguém pretendeu negar que podemos tirar inferências das ações humanas, e que estas inferências se baseiam sobre a experiência da união de atos semelhantes com motivos, inclinações e situações semelhantes. Alguém pode, talvez, discordar apenas num aspecto, qual seja, recusar nomear necessidade a esta qualidade dos atos humanos; todavia, compreendendo-se seu significado, a denominação, creio eu, não pode ocasionar nenhum mal; ou então, sustenta que é possível desvendar alguma coisa a mais nas operações da matéria. Mas isso, devemos confessar, não pode trazer nenhuma consequência para a moral e a religião, qualquer que seja sua importância na filosofia natural ou metafísica.

Podemos enganar-nos aqui afirmando que não há ideia de outra necessidade ou conexão nas ações dos corpos; mas certamente não atribuímos nada aos atos do espírito senão o que cada um admite e deve prontamente admitir. Não mudamos em nenhum pormenor o sistema ortodoxo recebido acerca da vontade, mudamo-lo apenas nas ocorrências relativas aos objetos e às causas materiais. Portanto, nada pode ser mais inocente do que esta doutrina.

[3] Como todas as leis se baseiam em recompensas e castigos, admite-se como princípio fundamental que esses motivos têm uma influência regular e uniforme sobre o espírito, e que tanto produzem boas ações como impedem as más. Podemos dar a essa influência o nome que mais nos agrada, mas como está usualmente conjuntada com a ação devemos considerá-la uma causa e olhá-la como um exemplo da necessidade que queríamos estabelecer aqui.

[4] O único objeto próprio do ódio ou da vingança é uma pessoa ou criatura dotada de pensamento e de consciência; e quando atos injuriosos ou criminais excitam esta paixão, referem-se à pessoa ou estão em conexão com ela. As ações são, por sua própria natureza, temporais e perecíveis e se não procedem de alguma causa que reside no caráter ou disposição da pessoa que as realizou não podem redundar em sua honra, se são boas, nem em sua infâmia, se são más. Admitamos agora que as próprias ações podem ser condenáveis e contrárias a todas as regras da moral e da religião, mas que a pessoa não é responsável por elas. Como as ações não procedem de algo que seja durável e constante, e que não deixam atrás de si nada desta natureza, é impossível que por causa delas a pessoa possa tornar-se objeto de castigo ou de vingança. Assim, de acordo com o princípio que nega a necessidade e, por conseguinte, as causas, um homem é tão puro e imaculado depois de ter cometido o mais horrendo crime como no primeiro momento de seu nascimento, uma vez que seu caráter não se relaciona com suas ações, pois elas não derivam dele, e a perversidade de umas não serve para provar a depravação de outras.

[5] Não se acusam os homens por ações que tenham desempenhado, casualmente ou sem querer, quaisquer que possam ser suas consequências. Por quê? Simplesmente porque os princípios dessas ações são apenas momentâneos e terminam unicamente nelas. Os homens são menos culpados pelas ações que desempenham apressadamente e sem premeditação que por aquelas que realizam depois de deliberarem. Por quê? Somente porque um temperamento precipitado, embora dotado de uma causa ou princípio constante no espírito, atua apenas por intervalos e não corrompe todo o caráter. Por outro lado, o arrependimento purifica todos os crimes, se acompanhado de uma reforma da vida e dos costumes. Como explicar isso? Apenas declarando que as ações tornam alguém criminoso quando elas constituem provas da existência de princípios criminais, em seu espírito; quando, por uma alteração desses princípios, deixam de ser provas concludentes, igualmente deixam de ser criminais. Mas, excetuando a doutrina da necessidade, elas nunca foram provas concludentes e, por conseguinte, nunca foram criminais.

[6] Será igualmente fácil provar, usando os mesmos argumentos, que a liberdade, segundo a definição acima mencionada e com a qual todos os homens concordam, é também essencial à moralidade e que nenhuma ação humana na qual não se encontra presente é suscetível de qualidades morais, ou possa ser objeto de aprovação ou desaprovação. Pois, como as ações são os objetos de nosso sentimento moral, unicamente na medida em que são indícios do caráter interno, de paixões e de afeições, é impossível que elas possam ocasionar o elogio ou a crítica, se elas não procedem desses princípios e se elas derivam totalmente de uma intervenção exterior.

[7] Não tenho a pretensão de ter dissipado ou removido todas as objeções sobre a teoria da necessidade e da liberdade. Prevejo outras objeções que procedem de argumentos que não foram tratados aqui. Pode-se dizer que, por exemplo, se as ações voluntárias estivessem sujeitas às mesmas leis da necessidade que as operações da matéria, haveria uma cadeia contínua de

causas necessárias preordenadas e predeterminadas, decorrendo da causa original de tudo para alcançar a vontade particular de cada criatura. Porquanto em nenhum lugar do universo há contingência, nem indiferença e nem liberdade. Enquanto agimos, algo age, por sua vez, sobre nós. O autor último de todas as nossas vontades é o Criador do mundo, que, no início, deu o impulso a esta imensa máquina e colocou todos os seres nesta posição particular, de onde deve resultar, por uma necessidade inevitável, todo evento posterior. Portanto, as ações humanas, ou não podem ser em nada moralmente depravadas, porquanto elas procedem de uma tão boa causa; ou se são depravadas, devem envolver nosso Criador na mesma culpa, visto que é reconhecido como sua última causa e autor.

[8] Pois, do mesmo modo que um homem que faz explodir uma bomba é responsável por todas as consequências, quer seja comprida ou curta a mecha que ele empregou, assim, uma vez que se tenha fixado uma cadeia contínua de causas necessárias, este Ser, seja finito ou infinito, que produz a primeira causa, é igualmente o autor de toda a cadeia, e deve igualmente suportar a censura e receber o elogio que lhe correspondem. Nossas ideias morais, claras e inalteráveis, estabelecem esta regra, sobre razões indiscutíveis, quando examinamos as consequências de uma ação humana; e estas razões devem ter ainda maior força quando se aplicam às volições e intenções de um Ser infinitamente sábio e potente. Pode-se alegar ignorância ou impotência em favor de uma criatura tão limitada como o homem, mas essas imperfeições não são inerentes ao nosso Criador. Ele previu, ordenou e planejou todas as ações humanas, que nós, temerariamente, denominamos criminais. Portanto, devemos concluir, ou elas não são criminais, ou Deus, e não o homem, é responsável por elas. Mas tanto uma como outra afirmação é absurda e ímpia; por conseguinte, a doutrina da qual elas são deduzidas não pode sem dúvida ser verdadeira, porque está exposta às mesmas objeções. Uma consequência absurda, se é necessária, demonstra que a doutrina original é absurda, do mesmo modo que as ações criminais tornam criminosa a causa original, se a conexão entre elas é necessária e inevitável.

[9] Esta objeção compreende duas partes que examinaremos separadamente. Primeira, se se puder remontar das ações humanas até Deus por um encadeamento necessário, elas nunca podem ser criminais, devido à infinita perfeição do Ser do qual elas procedem e que não pode querer nada que não seja completamente bom e louvável. Segunda, se essas ações são criminais, devemos contestar o atributo de perfeição que conferimos a Deus e reconhecê-lo como o autor último da culpabilidade e baixeza moral de todas as suas criaturas.

[10] A resposta à primeira objeção parece evidente e convincente. Há numerosos filósofos que, depois de examinarem atentamente todos os fenômenos da natureza, concluem que o Todo, considerado como um sistema, está ordenado com perfeita benevolência em todos os períodos de sua existência; e que no final resultará a máxima felicidade possível para todos os seres criados, sem nenhuma mistura de mal ou de miséria positiva ou absoluta. Todo mal físico, dizem eles, constitui uma parte essencial deste benevolente sistema, e não poderia ser supresso, nem sequer pelo próprio Deus, considerado um agente sábio, sem dar entrada a um mal maior ou sem excluir um maior bem que resultar dele. Desta teoria, alguns filósofos, e dentre eles os antigos estoicos, derivaram um tema de consolo para todas as aflições, pois ensinavam a seus discípulos que os males que sofriam eram, na realidade, bens para o universo; e que desde um ponto de vista mais amplo, compreendendo todo o sistema da natureza, todo evento tornar-se-ia objeto de alegria e exaltação. Mas, embora este tema seja plausível e sublime, logo se viu na prática que era débil e ineficaz. Certamente, irritareis mais do que tranquilizareis um homem atormentado pelas dores da gota, fazendo-lhe sermões sobre a retidão dessas leis gerais que produziram os tumores malignos no seu corpo e os levaram através de canais adequados até os tendões e os nervos onde agora provocam esses agudos tormentos. Essas generalizações podem agradar, por um momento, a imaginação especulativa de um homem que se acha tranquilo e seguro, mas elas não podem impor-se com constância em seu espírito, mesmo quando não esteja perturbado pelas emoções da dor e da paixão, e muito menos podem manter sua posição quando se vê atacado por tão poderosos antagonistas.

As tendências humanas consideram seu objeto mais de perto e com maior naturalidade; e segundo uma organização mais adequada à debilidade dos espíritos humanos, referindo-a apenas aos seres que nos envolvem, deixam-se influenciar pelos eventos que se manifestam como bons ou maus aos sistemas pessoais.

[11] Com o mal moral ocorre o mesmo que com o mal físico. Não se pode supor razoavelmente que essas remotas considerações, de tão pouca eficácia com respeito a um, terão uma ação mais poderosa acerca do outro. O espírito humano está naturalmente formado de maneira a ter um sentimento de aprovação ou de censura quando da aparição de certos caracteres, de certas disposições e ações; não há emoções mais essenciais à sua estrutura e à sua constituição. Os personagens que atraem nossa aprovação são principalmente aqueles que contribuem para a paz e a segurança da sociedade humana; os personagens que provocam censura são principalmente aqueles que tendem ao prejuízo e agitações públicas; pode-se razoavelmente presumir que os sentimentos morais nascem, seja mediatamente seja imediatamente, de uma reflexão sobre estes interesses opostos. Que importa que as meditações filosóficas elaborem opinião ou conjetura contrária, asseverando que tudo está de acordo com o Todo, e que os caracteres que perturbam a sociedade são, em sua maior parte, tão benéficos e adequados à intenção primitiva da natureza como aquelas que contribuem mais diretamente para a sua felicidade e bem-estar? São capazes, essas remotas e inseguras especulações, de equilibrar os sentimentos que surgem da observação natural e imediata dos objetos? Um homem que é roubado de uma considerável soma de dinheiro diminui em algo seu aborrecimento por meio destas sublimes reflexões? Por que estas sublimes reflexões poderiam considerar-se incompatíveis com seu ressentimento moral contra o delito? Ou, por que não se poderia conciliar o reconhecimento de uma distinção real entre o vício e a virtude com todos os sistemas da filosofia especulativa, assim como o de uma distinção real entre a beleza e a fealdade pessoais? Estas duas distinções baseiam-se nos sentimentos naturais do espírito humano; e estes sentimentos não podem ser controlados ou alterados por nenhuma teoria filosófica, nem por nenhuma especulação.

[12] A segunda objeção não é passível de resposta tão fácil e satisfatória, visto que não é possível explicar distintamente como Deus, sendo causa mediata de todas as ações humanas, não é também autor do pecado e da depravação moral. Estes são mistérios que a mera razão natural, sem outros recursos, não pode tratar adequadamente, e qualquer que seja o sistema que ela adote, ver-se-á envolvida em dificuldades insolúveis, e mesmo em contradições, em cada passo que der ao investigar estes temas. Até agora, reconciliar a indiferença e a contingência das ações humanas com a presciência, ou defender os decretos absolutos excluindo de Deus a autoria do pecado, é uma tarefa que tem superado todo o poder da filosofia. Afortunada aquela filosofia que, consciente de sua temeridade ao espreitar esses mistérios sublimes, deixa uma cena tão cheia de obscuridades e perplexidades e volta com modéstia adequada para o seu verdadeiro domínio – o exame da vida cotidiana – onde encontrará suficientes dificuldades ao empreender suas investigações, sem lançar-se num oceano tão ilimitado de dúvidas, de incertezas e de contradições.

SEÇÃO IX

DA RAZÃO DOS ANIMAIS

[1] Todos os nossos raciocínios a propósito das questões de fato se fundam numa espécie de analogia que nos faz esperar de uma causa os mesmo eventos que temos visto resultar de causas semelhantes. Se as causas são totalmente semelhantes, a analogia é perfeita e a inferência, tirada delas, é considerada segura e conclusiva; nenhum homem que vê um pedaço de ferro jamais duvidará que tem peso e coesão entre as partes, tal como tem ocorrido em todos os outros casos que caíram sob sua observação. Mas, se os objetos não possuem uma semelhança tão rigorosa, a analogia é menos perfeita e a inferência é menos conclusiva, embora conserve alguma força em proporção ao grau de semelhança. As observações anatômicas feitas sobre um ser animado estendem-se, por esta espécie de raciocínio, a todos os seres animados. Com certeza, quando, por exemplo, se prova claramente que a circulação do sangue se processa numa criatura,

como a rã ou um peixe, forma-se uma forte presunção de que o mesmo princípio se encontra em todas as outras criaturas. Estas observações analógicas podem ser levadas mais longe, até mesmo à ciência de que atualmente estamos tratando; e qualquer teoria que nos sirva para explicar as operações do entendimento, ou a origem e a conexão das paixões humanas, adquirirá maior autoridade se verificarmos que esta mesma teoria é necessária para explicar o mesmo fenômeno em todos os outros seres animados. Submeteremos a esta prova a hipótese que na exposição precedente nos permitiu tentar explicar todos os raciocínios experimentais; esperamos que este novo enfoque servirá para confirmar todas as observações anteriores.

[2] Em primeiro lugar, parece evidente que os animais, como os homens, apreendem muitas coisas da experiência e inferem que os mesmos eventos resultarão sempre das mesmas causas. Mediante este princípio, familiarizam-se com as propriedades mais evidentes dos objetos externos, e gradualmente, a partir de seu nascimento, acumulam conhecimentos sobre a natureza do fogo, da água, da terra, das pedras, das altitudes, das profundidades etc., e daquilo que resulta de sua ação. Aqui se distingue claramente a ignorância e a inexperiência do jovem frente à astúcia e à sagacidade dos velhos que têm aprendido, por uma longa observação, a evitar o que os fere e a perseguir o que lhes proporciona bem-estar e prazer. Um cavalo habituado ao campo familiariza-se com a altura apropriada que pode saltar e nunca tentará superar aquela que ultrapassa suas forças e habilidades. Um velho galgo confiará a parte mais fatigante da caça aos mais jovens e se colocará em posição apropriada para abocar a lebre quando esta de repente se voltar; as conjeturas que faz neste caso não têm outro fundamento senão sua observação e experiência.

[3] Isso é ainda mais evidente se se considerarem os efeitos da adestração e da educação sobre os animais, aos quais mediante a aplicação adequada de castigos e recompensas, se pode ensinar a efetuar qualquer classe de atividade, inclusive as mais contrárias aos seus instintos e inclinações naturais. Não é a experiência que faz com que um cão tema a dor, quando o ameaçais e levantais

o látego para enxotá-lo? Não é também a experiência que o faz responder por seu nome e a inferir, de um som arbitrário, que o designais e não a alguns de seus companheiros, e que quereis chamá-lo, quando emitis esse som de certa maneira, com certa tonalidade e inflexão?

[4] Em todos estes casos, podemos constatar que o animal infere um fato que ultrapassa aquilo que impressiona imediatamente seus sentidos, e que esta experiência está totalmente fundada na experiência passada, visto que a criatura espera do objeto presente os mesmos resultados que, em sua observação, sempre tem visto derivar de objetos semelhantes.

[5] Em segundo lugar, é impossível que esta inferência do animal possa fundar-se em algum processo de argumento ou do raciocínio pelo qual conclui que eventos iguais devem seguir a objetos iguais, e que a ordem natural será sempre regular em suas operações. Porque, se na realidade há alguns argumentos dessa natureza, são com certeza demasiado abstrusos para a observação de entendimentos tão imperfeitos, já que, para descobri-los e observá-los, se necessita do máximo cuidado, atenção e temperamento de um filósofo. Portanto, os animais não são guiados pelo raciocínio nessas inferências; nem as crianças, nem a generalidade dos homens em suas ações e conclusões ordinárias; nem os próprios filósofos, que, em todos os momentos ativos de sua vida, são, em sua maioria, parecidos com o vulgo e deixam-se governar pelas mesmas máximas. A natureza deve ter fornecido alguns outros princípios de aplicação e de uso mais rápido e mais geral, visto que uma operação de tão grande importância na vida, como é a inferência de efeitos a partir de suas causas, não pode ser confiada a um processo inseguro do raciocínio e da argumentação. Se o fato é duvidoso com respeito aos homens, parece que não admite dúvida em relação aos seres irracionais; e uma vez que a conclusão está firmemente estabelecida para uns, temos uma forte presunção, segundo todas as regras da analogia, de que deveria admitir-se universalmente sem nenhuma exceção ou reserva. Pois unicamente o costume induz os animais a inferir, a partir de todo objeto que impressiona seus sentidos, seu acompanhante usual,

e leva sua imaginação a conceber um pelo aparecimento do outro dessa maneira particular que denominamos crença. Nenhuma outra explicação pode ser dada dessa operação, quer nas classes superiores quer nas classes inferiores dos seres sensíveis, que recaem sob nossa observação e conhecimento[19].

[6] Mas, embora os animais extraiam da observação grande parte de seus conhecimentos, há também outras partes decorrentes do poder original da natureza, superando em muito a porção de

---

[19] Visto que todos os nossos raciocínios acerca dos fatos ou causas derivam unicamente do costume, é lícito indagar como os homens ultrapassam pelo raciocínio os animais e como um homem é superado por outro? Além disso, por que tal costume não tem influência uniforme sobre todos os homens?

Tentaremos aqui explicar sumariamente a grande diferença entre os entendimentos humanos; depois disso será fácil compreender a causa da diferença entre os homens e os animais:

a) – Ao termos vivido por algum tempo e nos acostumado com a uniformidade da natureza, adquirimos um hábito geral pelo qual transferimos sempre o conhecido ao desconhecido e concebemos que o último se parece com o primeiro. Por meio deste princípio geral e habitual, consideramos que um raciocínio pode basear-se em um único experimento e esperamos um evento similar com algum grau de certeza, se o experimento foi feito com exatidão e livre de toda circunstância estranha. Consideramos, portanto, de grande importância observar as consequências das coisas, e como uma pessoa pode superar em muito a outra em atenção, memória e observação, o que produzirá uma grande diferença em seus raciocínios.

b) – Se um efeito é produto de uma complicação de causas, um espírito pode ser mais amplo que outro e estar mais bem capacitado para abarcar todo o sistema de objetos e inferir acertadamente suas consequências.

c) – Um homem é capaz de manipular uma cadeia de consequências mais longa do que outro [homem].

d) – Poucos homens podem pensar por longo tempo sem misturar as ideias e confundir umas com as outras. Esta debilidade aparece em vários graus.

e) – A circunstância da qual depende o efeito está geralmente envolta em outras circunstâncias que lhe são estranhas e extrínsecas. Sua separação frequentemente requer grande atenção, rigor e sutileza.

f) – A formação de princípios gerais a partir de observações particulares é uma operação muito delicada, e não há nada mais usual, devido à precipitação e à limitação espiritual que não considera todos os ângulos [da questão], que cometer erros a este respeito.

g) – Quando se raciocina através de analogias, quem tem mais experiência ou mais presteza para sugerir analogias raciocinará melhor.

h) – As tendências devidas aos preconceitos, educação, paixão, partidos políticos etc. têm mais influência sobre alguns espíritos do que sobre outros.

i) – Depois de ter adquirido confiança no testemunho humano, os livros e os diálogos ampliam a esfera da experiência e do pensamento em um homem mais que em outro.

Seria fácil descobrir outros fatores que produzem diferenças entre os entendimentos humanos [N. do A.].

capacidade que têm em ocasiões ordinárias e que eles aperfeiçoam, pouco ou nada, mediante grande prática e experiência. É isso que denominamos de instintos, e os admiramos como algo mui extraordinário e inexplicável por todas as investigações do entendimento humano. Mas nossa admiração, talvez, cessará ou diminuirá, quando consideramos que o próprio raciocínio experimental, que possuímos em comum com os animais, e do qual depende toda a conduta da vida, nada é senão uma espécie de instinto ou de poder mecânico, agindo em nós de um modo desconhecido de nós mesmos; e que em suas principais operações não está dirigido por nenhuma das relações ou comparações de ideias, que são os objetos próprios de nossas faculdades intelectuais. Embora o instinto seja diferente, é, sem dúvida, um instinto que ensina o homem a evitar o fogo; do mesmo modo que ensina a um pássaro, com tanto rigor, a arte da incubação e toda a organização e ordem de seus cuidados educativos.

Seção X

Dos milagres

Parte 1

[1] Há, nos escritos do Dr. Tillotson um argumento contra a presença real, que é tão conciso, elegante e poderoso, como pode supor-se de um argumento contra uma doutrina tão pouco digna de séria refutação. Admite-se universalmente, diz o sábio prelado, que a autoridade da Escritura ou da tradição se baseia unicamente no depoimento dos apóstolos, que foram as testemunhas oculares dos milagres de nosso Salvador, pelos quais provou sua missão divina. Portanto, nossa evidência em favor da verdade da religião cristã é menor do que a evidência da verdade de nossos sentidos, porque mesmo nos primeiros autores de nossa religião não era maior; e é evidente que ela deve diminuir passando deles para os seus discípulos; ninguém pode pois depositar, em relação

aos seus testemunhos, a mesma confiança que tem em relação ao objeto imediato de seus sentidos. Mas uma evidência mais fraca nunca pode destruir uma mais forte; portanto, se a doutrina da presença real estivesse revelada na Escritura tão claramente como se queira, seria diretamente contrário às regras do raciocínio exato dar nosso assentimento. Contradiz os sentidos, visto que tanto a Escritura como a tradição, sobre as quais se supõe que está edificada, não são tão evidentes como os sentidos, se elas são consideradas meramente como evidências externas e não como dirigidas ao coração de cada um por obra imediata do Espírito Santo.

[2] Nada é tão convincente como um argumento decisivo desse gênero que, pelo menos, deve reduzir ao silêncio o fanatismo e a superstição mais arrogantes e livrar-nos de suas impertinentes solicitações. Congratulo-me por ter descoberto um argumento de natureza análoga que, se é legítimo, servirá de obstáculo eterno, junto aos sábios e doutos, a toda espécie de ilusão supersticiosa e, por conseguinte, será de utilidade enquanto existir o mundo. Porque presumo que em todos os tempos da história sagrada e profana encontrar-se-ão relatos de prodígios e de milagres.

[3] Embora a experiência seja o nosso único guia no raciocínio sobre as questões de fato, deve-se reconhecer que este guia não é totalmente infalível e que, em alguns casos, pode conduzir-nos a erros. Uma pessoa que esperasse em nosso clima melhor tempo durante uma semana de junho do que uma de dezembro, raciocinaria corretamente de acordo com a experiência; todavia é também verdade que ela pode ver-se equivocada acerca do evento. E, não obstante, podemos observar que, em tal caso, não teria nenhum motivo para queixar-se da experiência, visto que ela nos informa, comumente e por antecipação, da incerteza, mediante a oposição de eventos que poderíamos apreender através de uma observação diligente. Todos os efeitos não resultam com a mesma segurança das supostas causas. Alguns eventos se encontram em todos os países e em todas as épocas em conjunção constante; outros, contudo, têm sido mais variáveis e às vezes têm decepcionado nossas expectativas; de modo que, em nossos raciocínios acerca das questões de fato, há todos os graus imagináveis de certeza, desde a mais alta certeza até as formas mais inferiores da certeza moral.

[4] Um homem sábio, portanto, torna sua crença proporcional à evidência. Nas conclusões que se baseiam numa experiência infalível, espera o evento com o máximo grau de segurança e considera a experiência passada uma prova completa da existência futura desse evento. Em outros casos, procede com mais precaução; pesa as experiências contrárias; considera qual dos lados está apoiado por maior número de experiências; é para este lado que se inclina, com dúvida e hesitação; e quando finalmente estabelece seu juízo a evidência não ultrapassa o que denominamos propriamente de probabilidade. Toda probabilidade, portanto, supõe uma oposição de experiências e de observações, na qual um dos lados sobrepuja o outro e produz um grau de evidência proporcional à superioridade. Cem casos ou experiências de um lado e cinquenta do outro fornecem uma expectativa duvidosa de qualquer evento; contudo, cem experiências uniformes, com apenas uma que é contraditória, engendram racionalmente um grau bastante alto de segurança. Em todos os casos, devemos contrabalançar as experiências opostas, se são opostas, e subtrair os números menores dos maiores, a fim de conhecer a força exata da evidência superior.

[5] Aplicando estes princípios a um caso particular, constatamos que não há espécie de raciocínio mais comum, mais útil e mesmo mais necessário à vida humana que o derivado do depoimento humano, dos relatos das testemunhas oculares e dos expectadores. Negar-se-ia, talvez, que esta espécie de raciocínio se funda na relação de causa e efeito. Não discutirei sobre a terminologia. Será suficiente notar, contudo, que nossa segurança em qualquer argumento desse gênero não deriva de outro princípio senão da constatação da veracidade do testemunho humano e da conformidade usual dos fatos com os relatos das testemunhas. Como um princípio geral diz que em nenhum objeto se pode descobrir uma conexão, e que todas as inferências que podemos tirar de um para o outro se baseiam unicamente em nossa experiência de sua conjunção constante e regular, é evidente que não devemos fazer uma exceção deste princípio em favor do testemunho humano, cuja conexão com qualquer evento em si mesmo parece mui pouco necessária como qualquer outra. Se a memória não fosse até certo grau tenaz, se os homens não tivessem geralmente inclinação para a verdade e princípio de probidade, se não fossem sensíveis à vergonha quando se descobrem suas mentiras; se a experiência, digo eu, não

revelasse que essas qualidades são inerentes à natureza humana, não depositaríamos jamais a menor confiança no testemunho humano. Um homem que delira ou que é conhecido por sua falsidade e sua vilania não tem nenhuma espécie de autoridade para nós.

[6] Como o depoimento que deriva das testemunhas e do testemunho humano se funda sobre a experiência passada, varia com a experiência e se considera ou uma prova ou uma probabilidade, conforme se tem verificado constante ou variável a conjunção entre um gênero particular do relato e um gênero do objeto. Deve-se, portanto, levar em consideração numerosas circunstâncias em todos os julgamentos desse gênero; e a última regra que nos permite decidir em todas as discussões que podem nascer a respeito desse tema deriva sempre da experiência e da observação. Se essa experiência não é totalmente uniforme em um dos dois lados, gerará uma inevitável contradição em nossos juízos, cujos argumentos apresentam a mesma oposição e destruição mútua como em qualquer outro gênero de evidência. Frequentemente duvidamos dos relatos de outrem. Contrabalançamos as circunstâncias opostas originárias de alguma dúvida ou incerteza; e quando descobrimos uma superioridade a favor de um lado, inclinamo-nos para ele, porém com segurança diminuída em proporção à força de seu antagonista.

[7] Essa contradição da evidência no caso presente pode derivar de diferentes causas: da oposição de testemunhos contrários, do caráter ou do número de testemunhas, da maneira como eles produzem seus testemunhos, ou da união de todas essas circunstâncias. Suspeitamos de uma questão de fato quando as testemunhas se contradizem entre si, quando são poucas e de caráter duvidoso, quando têm algum interesse pessoal naquilo que afirmam, quando enunciam seu testemunho com hesitação ou, pelo contrário, com afirmações muito violentas. Há muitos outros aspectos do mesmo gênero que podem diminuir ou destruir a força de qualquer argumento derivado do testemunho humano.

[8] Suponha, por exemplo, que o fato que o testemunho tenta estabelecer tem algo de extraordinário e de maravilhoso; neste caso, a evidência que resulta do testemunho admite uma diminuição maior ou menor em proporção ao fato que é mais ou menos invulgar. A razão que nos leva a dar algum crédito às testemunhas e aos historiadores não deriva de nenhuma

conexão que percebemos a priori entre o testemunho e a realidade, mas do fato de estarmos acostumados a encontrar uma conformidade entre eles. Contudo, quando o fato testificado é tal que raramente cai sob nossa observação, produz-se então um conflito entre duas experiências opostas, em que uma destrói a outra em proporção de sua força, e a experiência superior apenas pode agir sobre a mente com a força que lhe resta. É precisamente este mesmo princípio da experiência que nos fornece certo grau de segurança sobre o depoimento das testemunhas, e que nos dá também, neste caso, outro grau de segurança contra o fato que tentam estabelecer; e desta contradição surge necessariamente um contrapeso e uma destruição recíproca da crença e da autoridade.

[9] Não acreditaria numa tal história mesmo se Catão a contasse[20]; era um dito proverbial em Roma, inclusive durante a vida deste filósofo patriota. Admitia-se, pois, que a incredibilidade de um fato poderia invalidar tão grande autoridade.

[10] O príncipe hindu que inicialmente se recusou a acreditar nos relatos sobre os efeitos da escarcha[21] raciocinou corretamente, pois, como é natural, necessitar-se-ão testemunhos poderosos para lograr seu assentimento acerca de fatos que surgiram de um estado da natureza, com os quais ele não estava familiarizado, e que tinham tão pouca analogia com os eventos dos quais tinha tido uma experiência constante e uniforme. Embora esses fatos não fossem contrários à sua experiência, tampouco estavam de acordo com ela.[22]

---

[20] Plutarco em *Vita Catonis* [N. do A.].

[21] Uma espécie de bordado áspero de fios de ouro ou prata.

[22] Certamente, nenhum hindu poderia ter experiência do congelamento da água em climas frios, visto que a natureza se apresenta de maneira totalmente desconhecida para ele, é-lhe, portanto, impossível afirmar a priori o que resultará do fenômeno. É preciso fazer um novo experimento, embora sua consequência seja sempre incerta. As vezes pode-se conjeturar mediante analogia o que ocorrerá; porém, trata-se ainda de mera conjetura. Deve-se admitir que, no presente exemplo de congelamento, o evento se produz contrariamente às regras da analogia, de tal modo que um hindu não poderia esperá-lo. A ação do frio sobre a água não se processa gradativamente segundo os diferentes graus de frio; ao contrário, quando a água atinge o ponto de congelamento, passa num instante do estado líquido para o sólido. Tal fenômeno pode, todavia, denominar-se extraordinário, e se requer forte testemunho para fazê-lo crível aos povos de clima quente. Apesar disso, não é considerado miraculoso e nem contrário à experiência uniforme do curso da natureza em que todas as circunstâncias são idênticas. Os habitantes de Sumatra sempre têm observado o fluir das águas em seu próprio clima e consideram o congelamento de seus rios como algo prodigioso. Porquanto jamais viram a água em Moscou durante o inverno e não podem, por conseguinte, afirmar razoavelmente quais seriam suas consequências [N. do A.].

[11] Mas, para aumentar a probabilidade contra o depoimento das testemunhas, suponhamos que o fato que afirmam, em vez de ser apenas maravilhoso, é realmente miraculoso, e suponhamos também que o depoimento considerado à parte e em si mesmo equivale a uma prova completa; neste caso, temos prova contra prova, e a mais forte delas deve prevalecer, mas com uma diminuição de sua força em proporção à de sua antagônica.

[12] Um milagre é uma violação das leis da natureza; e como uma experiência constante e inalterável estabeleceu estas leis, a prova contra o milagre, devido à própria natureza do fato, é tão completa como qualquer argumento da natureza que se possa imaginar. Por que é mais do que provável que todos os homens devem morrer; que o chumbo não pode por si mesmo permanecer suspenso no ar; que o fogo consome a madeira e que, por sua vez, a água o extingue; a não ser que estes eventos estejam de acordo com as leis da natureza, e que é preciso uma violação destas leis, ou em outras palavras, um milagre, para impedi-los? Nada é considerado um milagre se ocorre no curso normal da natureza. Não é um milagre que um homem, aparentemente de boa saúde, morra subitamente, pois verifica-se que tal gênero de morte, embora mais incomum que qualquer outro, ocorre frequentemente. Mas é um milagre que um morto possa ressuscitar, porque isso nunca foi observado em nenhuma época e em nenhum país. Portanto, deve haver uma experiência uniforme contra todo evento miraculoso, senão o evento não mereceria esta denominação. E, como uma experiência uniforme equivale a uma prova, há aqui uma prova direta e completa, tirada da natureza fática contra a existência de um milagre; uma tal prova não pode ser destruída nem o milagre fazer-se crível senão por meio de uma prova oposta que lhe seja superior.[23]

[13] A consequência clara – e é uma máxima geral digna de nossa atenção – é que não há testemunho suficiente para fundamentar um milagre, a menos que o testemunho seja tal que sua falsidade seria ainda mais miraculosa que o fato que pretende estabelecer; e mesmo neste caso há mútua destruição de argumentos, e o argumento mais forte nos dá apenas uma segurança proporcional ao grau da

força depois da dedução da força inferior. Quando alguém me diz que viu um morto ressuscitar, considero imediatamente comigo mesmo: é mais provável que essa pessoa procure enganar-me ou esteja equivocada, do que o fato que relata possa realmente ter ocorrido. Peso um milagre contra o outro e, de acordo com a superioridade que descubro, pronuncio minha decisão e rejeito sempre o milagre maior. Se a falsidade de seu testemunho fosse ainda mais miraculosa que o evento que relata, agora e somente agora, pode pretender orientar minha crença e minha opinião.

Parte 2

[1] No raciocínio precedente supusemos que o testemunho sobre o qual se baseia o milagre pode talvez equivaler a uma prova completa e que a falsidade desse testemunho seria um verdadeiro prodígio. Mas é fácil mostrar que temos sido muito generosos em nossa concessão e que jamais houve um evento miraculoso estabelecido sobre uma evidência tão completa.

[2] Porque, em primeiro lugar, não se pode encontrar em toda a história nenhum milagre testificado por número suficiente de homens de tão indubitável bom senso, educação e instrução que

[23] Às vezes, um evento pode não parecer, em si mesmo, contrário às leis da natureza, e sem dúvida, se fosse real, em razão de algumas circunstâncias, poderia denominar-se um milagre, porque, de fato, é contrário a estas leis. Assim, se uma pessoa que pretendesse ter autoridade divina ordenasse a um enfermo que se curasse, a um homem sadio que morresse, às nuvens que derramassem água, aos ventos que ventassem, em uma palavra, se ordenasse vários eventos naturais que obedecessem de imediato à sua ordem: estes, sim, poderiam ser corretamente considerados milagres, porque neste caso são realmente contrários às leis da natureza. Porque, se persiste alguma suspeita de que o evento e a ordem emitida concordaram por acidente, não há nenhum milagre nem transgressão das leis naturais. Mas se se exclui esta suspeita há evidentemente um milagre e uma transgressão destas leis, porque nada pode ser mais contrário à natureza que o fato de que a voz ou ordem de um homem tenha semelhante influência. Um milagre pode definir-se estritamente deste modo: é a transgressão de uma lei da natureza pela volição particular da divindade ou pela interposição de algum agente invisível. Um milagre pode ser cognoscível ou não pelos homens. Isso não altera sua natureza e essência. Que uma casa ou um navio se elevem no ar é um visível milagre. Que se levante uma pena é um milagre igualmente real, se bem que não tão notável para nós quando não há vento, embora se necessite tão pouca força para sua realização [N. do A.].

nos assegurassem contra todo logro de sua parte; de tão indubitável integridade que os pusesse fora de qualquer suspeita de querer enganar os outros; de tal crédito e de tal reputação aos olhos dos homens que perderiam muito se fossem descobertos em alguma falsidade; e, ao mesmo tempo, testificando fatos realizados de um modo tão público e numa parte do mundo tão famosa que seria inevitável a descoberta da falsidade; todas essas circunstâncias são necessárias para fornecer-nos completa segurança no testemunho humano.

[3] Em segundo lugar, podemos observar na natureza humana um princípio que, se examinado com rigor, diminuirá extremamente a segurança que poderíamos ter acerca de algum gênero de prodígio, devido ao testemunho humano. O princípio que geralmente nos orienta em nossos raciocínios estipula que os objetos dos quais não temos nenhuma experiência se assemelham àqueles de que temos experiência; que o que temos visto e é o mais usual é sempre o mais provável; e que, se houver oposição de argumentos, devemos dar preferência aos que se fundam sobre maior número de experiências passadas. Porquanto, procedendo segundo esta regra, rejeitamos rapidamente um fato raro e inacreditável em escala ordinária; ao avançar mais, contudo, a mente nem sempre respeita a mesma regra; admitindo apressadamente, ao contrário, algo que se afirma totalmente absurdo e miraculoso, em virtude da mesma circunstância que deveria destruir toda a sua autoridade. A paixão da surpresa e da admiração resultantes dos milagres é uma emoção agradável que produz uma tendência sensível para que acreditemos nos eventos dos quais derivam. Isso vai tão longe que mesmo aqueles que não podem usufruir imediatamente desse prazer, nem podem acreditar nos eventos miraculosos que lhes comunicam, sentem indubitavelmente prazer em participar de uma satisfação de segunda mão ou por ricochete, e sentem orgulho e deleite a seguir em excitar a admiração dos outros.

[4] Com que avidez se recebem os relatos miraculosos dos viajantes, suas descrições de monstros marinhos e terrestres, suas narrações de aventuras maravilhosas, de homens e costumes estranhos! Entretanto, se a mente religiosa se liga ao amor do maravilhoso, acaba-se todo o bom senso, e o testemunho humano, nestas circunstâncias, perde todas as suas pretensões de autoridade. O beato pode ser

um entusiasta e imagina que vê coisas que são irreais; pode estar ciente de que sua narrativa é falsa e desse modo mesmo persiste nela com as melhores intenções do mundo, a fim de promover uma causa tão sagrada. Ou mesmo, se essa ilusão não ocorre, a vaidade excitada por uma tentação tão forte atua nele mais poderosamente do que nos outros homens em outras circunstâncias; ademais, o interesse pessoal age com igual força. Seus ouvintes podem não ter, e geralmente não têm, argumentos suficientes para rebater seu testemunho; renunciam por princípio a todo senso crítico em relação aos assuntos misteriosos e sublimes; ou, se tivessem grande desejo em empregá-lo, a paixão e uma imaginação ardentes perturbariam a regularidade de suas operações. Sua credulidade aumenta sua imprudência e sua imprudência subjuga sua credulidade.

[5] A eloquência, no seu mais alto grau, sobrepuja a razão e a reflexão; mas como ela se dirige totalmente à fantasia ou aos afetos, cativa os ouvintes condescendentes e subjuga seu entendimento. Felizmente, é raro que alcance essa culminância. Mas o que um Cícero ou um Demóstenes raramente podiam realizar sobre um auditório romano ou ateniense, qualquer capuchinho, qualquer pregador itinerante ou sedentário pode desempenhar em maior grau sobre a maioria dos homens, atingindo semelhantes paixões grosseiras e vulgares.

[6] Os numerosos exemplos de milagres forjados, de profecias e de eventos sobrenaturais que, em todas as épocas, têm sido revelados por testemunhas que se opõem ou que se retratam a si mesmos por seu absurdo, são provas suficientes da forte tendência humana para o extraordinário e o maravilhoso e deveriam razoavelmente engendrar suspeitas contra todos os relatos desse gênero. Pois esta é nossa maneira natural de pensar, inclusive em relação aos eventos mais comuns e mais críveis. Não há, por exemplo, gênero de relato que surja tão facilmente e se propague tão depressa, especialmente no campo e nas aldeias de província, como aqueles que se referem aos casamentos; de tal modo que, se duas pessoas jovens de igual condição social são vistas um par de vezes juntas, toda a vizinhança pensa imediatamente em uni-las. O prazer de contar uma novidade tão interessante, de propagá-la e de ser o primeiro a informá-la, invade a inteligência. E isso é tão conhecido que nenhuma pessoa de

bom senso presta atenção a tais relatos, até que os veja confirmados por alguma maior evidência. A maioria dos homens não é levada, devido às paixões e outras causas mais fortes, a crer e a transmitir, com a máxima veemência e segurança, todos os milagres religiosos?

[7] Em terceiro lugar, o fato de que os relatos sobrenaturais proliferam principalmente entre as nações ignorantes e bárbaras constitui forte suspeita contra eles; e se um povo civilizado tem admitido alguns desses relatos, decorre do fato de tê-los recebido de ancestrais ignorantes e bárbaros, que os transmitiram com a sanção e a autoridade invioláveis que sempre acompanham as opiniões recebidas. Quando examinamos as primeiras histórias de todas as nações, sentimo-nos inclinados a imaginar-nos transportados a um novo mundo, onde toda a trama da natureza está desarticulada e todos os elementos efetuam suas operações de uma maneira diferente que fazem na atualidade. As batalhas, as revoluções, a peste, a fome e a morte não são nunca efeitos de causas naturais que experimentamos. Prodígios, presságios, oráculos e punições divinas ocultam totalmente os poucos eventos naturais que se misturam a eles. Mas, como o seu número diminui a cada página, à medida que nos aproximamos das épocas das luzes, rapidamente compreendemos que não há nada de misterioso ou de sobrenatural no assunto, mas que tudo decorre da tendência natural dos homens para o maravilhoso, e que, embora essa inclinação às vezes possa ser refreada pelo bom senso e pela instrução, não pode ser jamais extirpada da natureza humana.

[8] É estranho, tende a dizer um leitor judicioso, depois de ler atentamente esses historiadores maravilhosos, que tais eventos prodigiosos não ocorram jamais em nossos dias! Mas creio eu que não há nada de estranho que os homens mintam em todas as épocas. Deveis, com certeza, ter encontrado muitos exemplos dessa debilidade. Haveis, vós mesmos, ouvido muitos desses relatos maravilhosos que, desprezados por todas as pessoas sábias e sensatas, têm sido finalmente abandonados até pelo homem comum. Podeis estar seguros de que essas famosas mentiras, que se têm difundido e florescido até alcançarem uma altura tão monstruosa, tiveram origens análogas; mas, como foram semeadas num solo mais propício, cresceram até se tornarem prodígios quase tão grandes como os que aqueles narram.

[9] Teve aguda sagacidade o falso profeta Alexandre – atualmente esquecido, embora outrora fosse tão famoso – de estrear suas imposturas na Paflagônia, onde, como nos diz Luciano, o povo era extremamente ignorante e simplório e propenso para absorver mesmo a mais grosseira impostura. Pois as pessoas, que habitam regiões distantes e sem possibilidade de se informarem melhor, são também induzidas por essa fraqueza a crer que o assunto é o menos digno de investigação. Recebem desse modo as histórias acrescidas de cem pormenores. Enquanto os tolos propagam rapidamente a impostura, os sábios e os doutos contentam-se geralmente em mofar-se de seu absurdo, sem se informarem dos fatos particulares, que permitiriam refutá-las claramente. E, desse modo, o impostor acima mencionado estava capacitado para proceder, começando por seus ignorantes paflagônios e atraindo sectários até mesmo entre os filósofos gregos e os homens da mais eminente e distinta posição em Roma; além disso, conseguiu atrair a atenção do sábio imperador Marco Aurélio, a ponto de fazê-lo confiar no êxito de uma expedição militar sobre suas profecias enganadoras.

[10] São tão grandes as vantagens de lançar uma impostura entre um povo ignorante que, mesmo quando a fraude é muito grosseira para se impor à generalidade dos homens – embora raramente isso ocorra –, tem mais possibilidade de triunfar em países longínquos do que se seu primeiro teatro tivesse sido numa cidade renomada por suas artes e conhecimentos. Os mais ignorantes e os mais bárbaros desses bárbaros levam o relato para o estrangeiro. Nenhum de seus compatriotas tem extensas vinculações no exterior, reputação ou autoridade suficiente para desmentir e destruir o logro. A inclinação dos homens para o maravilhoso tem plena oportunidade de revelar-se. E, desse modo, uma história totalmente desacreditada no lugar onde nasceu passará por certa a mil milhas de distância. Mas, se Alexandre tivesse fixado residência em Atenas, os filósofos deste célebre centro de saber teriam imediatamente difundido, por todo o Império Romano, sua opinião sobre o assunto; e sua opinião, apoiada por tamanha autoridade demonstrada com todas as forças da razão e da eloquência, teria aberto por completo os olhos dos homens. É verdade que Luciano, ao passar por acaso pela Paflagônia, teve oportunidade de realizar estes bons ofícios. Porém, por mais que se deseje, nem sempre ocorre

que todo Alexandre se encontre com um Luciano disposto a revelar e desmascarar suas imposturas.[24]

[11] Como quarta razão diminuindo a autoridade dos prodígios, posso acrescentar que não há testemunho favorável a nenhum prodígio, mesmo em relação àqueles que não foram expressamente desmascarados, que não seja contradito por um número infinito de testemunhas, de modo que não apenas o milagre destrói o crédito do testemunho, mas o testemunho destrói-se a si mesmo. Para tornar isso mais compreensível, consideremos que em questões religiosas tudo o que é diferente é contraditório, e que é impossível que as religiões da antiga Roma, da Turquia, do Sião e da China estejam todas estabelecidas em base sólida. Portanto, todo milagre que se pretende que tenha ocorrido em quaisquer dessas religiões – e todas estão repletas de milagres – tem como finalidade direta estabelecer o sistema particular ao qual ele se refere, de modo que tem a mesma força para destruir, embora indiretamente, qualquer outro sistema. Destruindo um sistema, destrói-se igualmente o crédito naqueles milagres sobre os quais estava fundado o sistema, de modo que todos os prodígios de diferentes religiões devem considerar-se como fatos contraditórios, e as evidências desses prodígios, quer fracas quer fortes, como opostas umas às outras. De acordo com este método de raciocínio, quando cremos em algum milagre de Maomé ou de seus sucessores, temos como garantia o testemunho de alguns árabes bárbaros. E, por outro lado, devemos considerar a autoridade de Tito Lívio, de Plutarco, de Tácito e, numa palavra, o testemunho de todos os autores gregos, chineses e católicos romanos que relataram algum específico milagre de sua religião, e devemos considerar seu testemunho, digo eu, do mesmo modo como se houvessem mencionado o milagre maometano, e que o houvessem contradito em termos claros, com a mesma certeza conferida aos milagres que relatam. Este argumento pode parecer demasiado sutil e refinado, mas em realidade não difere do modo de raciocinar de um juiz que supõe que o crédito de duas

[24] Sem dúvida, pode-se objetar aqui que procedo temerariamente e formo minhas opiniões a propósito de Alexandre apenas pelo relato do assunto feito por Luciano, seu declarado inimigo. Certamente, seria desejável que tivessem sido conservados alguns dos relatos publicados por seus discípulos e cúmplices. A opinião e o contraste que existem sobre o caráter e a conduta de um mesmo homem, quando descritos por um amigo ou inimigo, são tão grandes, mesmo na vida cotidiana e muito mais ainda nestas questões religiosas, como entre dois homens de fama mundial, por exemplo, Alexandre e São Paulo. Veja-se uma carta a Gilbert West, Esq., acerca da "Conversão e apostolado de São Paulo" [N. do A.].

testemunhas, acusando de um crime a outra pessoa, é destruído pelo depoimento contrário de duas testemunhas que afirmam haver visto essa mesma pessoa a duzentas léguas de distância no momento exato em que o crime, diz-se, foi cometido.

[12] Um dos milagres, o mais bem testificado em toda a história profana, é aquele que Tácito conta de Vespasiano, que curou a um cego em Alexandria por meio de sua saliva e a um coxo apenas tocando-o com o seu pé. Esses homens, obedecendo a uma ordem do deus Serapis, recorreram ao imperador para essas curas milagrosas. A descrição deste evento pode ser lida neste grande historiador, onde cada pormenor parece valorizar o testemunho, e poderia ser desenvolvida à vontade, com toda a força de argumento e eloquência, se alguém se preocupasse atualmente em reforçar a evidência dessa superstição desacreditada e idolátrica. A gravidade, a solidez, a idade e a probabilidade de tão grande imperador, que, durante o transcurso de sua vida, conversou familiarmente com seus amigos e cortesãos e não afetou jamais esses ares extraordinários de divindade que assumiam Alexandre e Demétrio. O historiador era escritor da época, célebre por sua franqueza e veracidade e, além disso, dotado talvez do maior e do mais penetrante gênio de toda a Antiguidade, e tão isento de qualquer tendência para a credulidade, sendo, ao contrário, acusado de ateísmo e profano; as personagens a cuja autoridade se referia o milagre eram de caráter indiscutível para o julgamento e a veracidade, como muito bem o podemos presumir; havia testemunhas oculares do fato, confirmando seu testemunho mesmo depois que a família dos Flávios foi despojada do império e não podia mais recompensar uma mentira. *Utrumque, qui interfuere, nunc quoque memorant, postquam nulium mendacio pretium.* E se acrescentarmos o aspecto público dos fatos, como relata a história, parecerá que não se pode supor evidência mais poderosa a favor de uma falsidade tão grosseira e tão palpável.

[13] Há também uma história memorável, contada pelo cardeal de Retz, merecedora de nossa consideração. Quando este político intrigante se refugiou na Espanha para escapar à perseguição de seus inimigos, passando por Saragoça, capital de Aragão, mostraram-lhe na catedral um homem que durante sete anos havia servido de porteiro e que era bem conhecido na cidade por todos os devotos da igreja local. Ele foi visto, por muito

tempo, desprovido de uma de suas pernas; contudo, havia recuperado este membro pela fricção de óleo santo sobre o coto; e o cardeal nos assegura que o viu com as duas pernas. Este milagre foi confirmado por todos os cânones da Igreja; todos os habitantes da cidade foram chamados para confirmar o fato; e o cardeal verificou que todos criam, com ardente devoção, totalmente no milagre. Aqui também o narrador foi contemporâneo do suposto prodígio; era de caráter incrédulo, libertino e também possuidor de grande talento; o milagre era de natureza tão singular que dificilmente poderia admitir contrafação, e as testemunhas muito numerosas, e quase todas espectadoras do fato ao qual deram o seu testemunho. E o que aumenta poderosamente a força dos testemunhos e pode duplicar nossa surpresa nesta conjuntura diz respeito ao fato de que o próprio cardeal, narrando o evento, parece não aferir-lhe nenhum crédito e, por conseguinte, não se pode suspeitar de sua participação nesta fraude sagrada. Considerava justamente que não era necessário, para rejeitar um fato dessa natureza, refutar o testemunho com exatidão e revelar sua falsidade através de todas as circunstâncias de velhacaria e credulidade que o produziram. Sabia que, se isso era em geral totalmente impossível, por mais perto que se estivesse no tempo e no espaço, era extremamente difícil para quem estivesse imediatamente presente, devido ao fanatismo, à ignorância, à astúcia e à patifaria dos homens. Portanto, concluía, como bom pensador, que semelhante teste levava sua falsidade em sua própria face, e que um milagre apoiado pelo testemunho dos homens era mais propriamente objeto de escárnio que de argumentação.

[14] Com certeza, não houve jamais maior número de milagres atribuídos a uma só pessoa do que aqueles, diz-se, que foram realizados recentemente na França sobre o túmulo do abade Paris, o célebre jansenista, cuja santidade serviu para ludibriar por muito tempo o povo. A cura das doenças, a restituição da audição aos surdos e da visão aos cegos, eram, no consenso geral, os efeitos habituais desse santo sepulcro. Mas, o que é mais extraordinário, numerosos milagres foram verificados imediatamente no mesmo lugar, ante juízes de integridade indiscutível, certificados por testemunhas de boa reputação e distinção, numa época instruída e no local de maior destaque atualmente no mundo. Além disso, um relatório dos milagres foi publicado e difundido por toda parte; e os jesuítas, embora formassem uma elite instruída, apoiados pelo magistrado cível e inimigos inveterados das opiniões em favor das

quais, diz-se, os milagres tinham sido realizados, jamais foram capazes de refutá-los ou desmascará-los claramente.[25] Onde iremos encontrar tal número de circunstâncias concordantes na corroboração de um fato? O que podemos opor a semelhante nuvem de testemunhas senão a absoluta impossibilidade da natureza miraculosa dos eventos que

---

[25] Este livro foi escrito por M. Montgeron, conselheiro ou juiz no Parlamento de Paris, homem de importância e reputação, que também foi um mártir de sua causa e que está – diz-se – em alguma prisão devido ao seu livro. Há outra obra em três volumes, denominada *Recueil des miracles de l'abbé Pâris*, que revela vários desses milagres e é precedida por um prefácio muito bem escrito. Sem dúvida, em todo o livro se faz uma ridícula comparação entre os milagres de nosso Salvador e os do abade, na qual se afirma que a evidência dos últimos é igual à dos primeiros: como se o testemunho dos homens pudesse ser comparado com o do próprio Deus, que guiou a pena desses inspirados escritores. Na verdade, se esses escritores fossem apenas considerados como testemunhos humanos, o autor francês é bastante moderado em sua comparação, visto que poderia pretender, com alguma aparente razão, que os milagres jansenistas superam os outros em evidência e autoridade. Os relatos que seguem foram tirados de documentos autênticos, que aparecem no livro já mencionado. Muitos dos milagres do abade Paris foram comprovados imediatamente por testemunho ante a oficialidade ou corte episcopal de Paris, sob o controle do cardeal Noailles, cuja reputação de integridade e talento jamais foi posta em dúvida. Inclusive por seus inimigos. Seu sucessor no arcebispado era inimigo dos jansenistas e por esta razão foi promovido para a diocese pela Corte. Apesar de vinte e dois reitores de Paris, com grande seriedade, terem-no pressionado para examinar esses milagres que, afirmavam, são conhecidos de todos e indiscutivelmente certos, o cardeal sabiamente se absteve de examiná-los. O partido molinista havia tentado desacreditar esses milagres num caso: o de Mademoiselle Le Franc. Mas, além de que seus procedimentos foram, em vários pontos, os mais irregulares, especialmente por citar apenas alguma das testemunhas jansenistas, às quais subornaram – além disso, digo, imediatamente se viram pressionados por uma nuvem de novas testemunhas (mais ou menos cento e vinte), em sua maioria pessoas de crédito e destaque de Paris que juraram pela procedência do milagre. o E isso foi acompanhado por uma solenidade e séria apelação ao Parlamento. Mas o Parlamento foi proibido de imiscuir-se nesse assunto. Finalmente se observou que, quando os homens estão inflamados pelardor e entusiasmo, não há grau de testemunho humano tão poderoso que não possa ser obtido a favor do maior absurdo. E aqueles que fossem tão ingênuos que examinassem o assunto por esse meio e buscassem defeitos particulares no testemunho, podem estar quase certos que serão enganados. Devia ser uma pobre impostura, certamente, que não podia prevalecer nessa disputa. Todos os que estiveram na França naquela época ouviram falar na reputação de M. Heraut, o Lieutenant de Police, cujo zelo, perspicácia, atividade e elevada inteligência ocasionaram grande admiração. Esse magistrado, que pela natureza de seu posto é quase absoluto, estava investido de plenos poderes a fim de suprimir ou desacreditar esses milagres e frequentemente detinha e examinava as testemunhas e as pessoas que tinham relação com os milagres, mas jamais pôde chegar a uma conclusão satisfatória contra eles. No episódio de Mademoiselle Thibaut, enviou o célebre De Sylva para que a examinasse. Sua informação é muito curiosa. O médico declara que é impossível que ela tenha estado tão enferma como afirmam os testemunhos, porque, se tivesse estado, não teria podido melhorar tão depressa e gozar de tão perfeita saúde. Como homem de bom senso, raciocinou segundo as causas naturais, mas o partido que lhe opunha afirmou que tudo era miraculoso e que o informe do médico era a melhor prova disso. Os molinistas se encontravam num triste dilema. Não se atreviam a afirmar a completa insuficiência do testemunho humano como prova dos milagres. E, de outro lado, eram obrigados a reconhecer que esses milagres tinham sido realizados pelo diabo e por feiticeiras, embora lhes dissessem que os judeus da Antiguidade já haviam recorrido a este recurso.. Nenhum jansenista teve dificuldade para explicar a cessação dos milagres quando o cemitério foi fechado por decreto real, O que produzia esses efeitos extraordinários era o mero contato com o túmulo [do abade] e, como ninguém podia aproximar-se do túmulo, não se podia esperar mais tais efeitos. É verdade que Deus poderia derrubar os muros a qualquer momento, mas Ele é dono de suas próprias graças e obras e não nos cabe explicá-las. Ele não derrubou os muros de todas as cidades, como os de Jericó, ao som das trombetas, nem abriu a prisão dos apóstolos, como fez com a de São Paulo?

relatam? E isso, com certeza, aos olhos de todas as pessoas razoáveis, por si só será considerado como uma refutação suficiente.

[15] Será correto concluir, verificando-se que o testemunho humano em certos casos é dotado de força e autoridade extremas, ao relatar, por exemplo, a batalha de Filipos ou de Farsália, que toda classe de testemunho, portanto, deve estar dotada em todos os casos de igual força e autoridade? Suponde que uma das facções, a de César e a de Pompeu, houvesse reivindicado a vitória destas batalhas e que os historiadores de cada partido houvessem atribuído uniformemente as vantagens para o seu próprio lado; como poderiam os homens, a essa distância, decidir entre eles? O contraste é igualmente grande entre os milagres narrados por Heródoto ou Plutarco, e os transmitidos por Mariana, Beda ou qualquer outro historiador monástico.

[16] O sábio concede fé bastante acadêmica a toda narrativa favorável à paixão de quem a relata, quer exaltando seu país, sua família ou a si mesmo, quer, de outro modo, conformando-a com suas inclinações e tendências naturais. Há maior tentação do que assemelhar-se a um missionário, a um profeta, ou a um embaixador do céu? Quem não afrontaria múltiplos perigos e dificuldades para alcançar um caráter tão sublime? Ou se, auxiliada pela vaidade ou por uma ardente imaginação, uma pessoa começa a converter-se a si mesma e penetra seriamente no mundo ilusório, quem terá escrúpulo de utilizar-se de piedosas fraudes, a fim de sustentar causa tão sagrada e meritória?

[17] A menor centelha aqui pode transformar-se na maior chama, uma vez que os materiais estão sempre preparados para se inflamar. Avidum genus auricularum[26], a população alucinada recebe sofregamente, sem exame, tudo o que adula a superstição e promove o maravilhoso.

---

[26] Nada mais nem menos que o duque de Chatillon, duque e par da França, da mais ilustre familia e estirpe, dá o testemunho de uma milagrosa cura realizada num de seus servos, que havia vivido vários anos em sua casa com uma palpável e visível enfermidade. Concluirei observando que nenhum clero é mais célebre pelo rigor da vida e dos costumes que o clero secular da França, particularmente os reitores ou curas de Paris que testemunham essas imposturas. A instrução, o engenho e probidade desses cavalheiros e a autoridade das freiras de Port-Royal os fizeram famosos em toda a Europa. Sem dúvida, todos testemunham o milagre que se produziu na sobrinha do célebre Pascal, cujo talento e

[18] Quantas histórias dessa natureza têm sido, em todas as épocas, descobertas e desmascaradas em seu nascedouro? Quantas mais têm sido famosas por algum tempo e depois tombado no esquecimento e na indiferença? Portanto, quando tais relatos se divulgam, a solução do fenômeno é óbvia: julgamos em conformidade com a observação e a experiência e os explicamos mediante os princípios conhecidos e naturais da credulidade e da ilusão. Contudo, antes de recorrermos a uma solução tão natural, suporemos uma miraculosa violação das mais bem fundamentadas leis naturais?

[19] Não tenho necessidade de mencionar os obstáculos para desmascarar a falsidade de uma história privada ou mesmo pública, na localidade em que, diz-se, ocorreu; e os obstáculos são ainda maiores quando o teatro do evento se acha distanciado de nós, mesmo em se tratando de uma pequena distância. Mesmo no tribunal de justiça, com toda a autoridade, a exatidão e o julgamento que podem empregar, os juízes encontram-se frequentemente embaraçados para distinguir entre a verdade e a falsidade nas questões mais recentes. Mas se, para resolver o impasse, se confia nos métodos comuns da altercação, debates e boatos, jamais se chega a qualquer conclusão, especialmente se paixões humanas interferem numa ou noutra parte.

[20] Nos primeiros momentos das novas religiões, os sábios e os doutos geralmente estimam que o assunto não é muito importante para merecer sua atenção ou sua consideração. E quando posteriormente

---

vida devota são bem conhecidos. O famoso Racine relata este milagre em sua celebrada História de Port-Royal e o defende com todas as provas fornecidas por uma multidão de freiras, sacerdotes, médicos e homens do mundo, todos de indubitável reputação. Alguns homens de letras, especialmente o bispo de Tournay, creram que este milagre era tão seguro que o usaram para refutar os ateus e os livre-pensadores. A rainha da França, que tinha grandes prevenções contra Port-Royal, enviou seu próprio médico para examinar o milagre, e o médico voltou completamente convertido. Em uma palavra, a cura sobrenatural era tão incontestável que, durante algum tempo, salvou o mosteiro da ruína a que estava ameaçado pelos jesuítas. Se houvesse sido um logro, seguramente teria sido descoberto por tão sagazes e poderosos adversários, e deveriam apressar a ruína de quem o forjou. Nossos teólogos, que podem construir um castelo maravilhoso com materiais tão desprezíveis, que prodigioso edifício poderiam levantar com estas e muitas outras circunstâncias que não mencionei! Quantas vezes teriam ressoado em nossos ouvidos os nomes de Pascal, de Racine, de Arnaud e de Nicole? Mas, se são sábios, seria melhor que adotassem o milagre como mil vezes mais valioso que todo o resto da coleção. Além disso, pode servir-lhes muito mais para sua finalidade. Porque esse milagre se realizou realmente pelo contato de um autêntico espinho sagrado dos sagrados espinhos que compunham a sagrada coroa, a qual, etc. [N. do A.].

querem de boa vontade revelar a farsa, a fim de esclarecer a multidão iludida, o momento oportuno já passou, e os documentos e as testemunhas que poderiam esclarecer o assunto perderam-se para sempre.

[21] Não resta nenhum outro meio para desmascarar a fraude, senão aqueles que podem ser tirados do próprio testemunho dos narradores; e estes, embora sejam sempre suficientes às pessoas judiciosas e instruídas, são geralmente muito sutis para que o homem comum os compreenda.

[22] Em resumo, portanto, parece que jamais qualquer espécie de testemunho a favor de um milagre tem chegado a ser provável, e muitos menos uma prova; e que, mesmo supondo que chegasse a ser uma prova, seria oposta, por outra prova, derivada da própria natureza do fato que tentaria estabelecer. Porquanto, apenas a experiência confere autoridade ao testemunho humano, e é ainda a experiência que nos assegura a respeito das leis da natureza. Portanto, quando estas duas espécies de experiências são contrárias, resta-nos o recurso de subtrair uma da outra e aceitar uma opinião, tendendo para um dos dois lados, com a segurança originada do resto. Mas, de acordo com o princípio aqui explicado, este resto, concernente a todas as religiões populares, equivale a uma completa anulação; e, portanto, podemos estabelecer como princípio que nenhum testemunho humano é dotado de suficiente força para provar um milagre e torná-lo a base justa de um determinado sistema religioso.

[23] Peço que se considerem as ressalvas que faço aqui, quando afirmo que nenhum milagre jamais pode ser provado, de modo que seja o fundamento de um sistema religioso. Assevero, por outro lado, que seria possível haver milagres ou violações do curso ordinário da natureza, levando-nos a admitir uma prova derivada do testemunho humano; embora, talvez, seja impossível deparar com semelhante milagre em todos os anais da história. Isso posto, suponde que a totalidade dos autores, abrangendo todos os idiomas, concordassem que a partir de primeiro de janeiro houve total obscuridade sobre toda a Terra durante oito dias; que

a transmissão deste evento extraordinário seja ainda forte e viva entre os homens; que todos os viajantes regressando de países estrangeiros nos tragam relatos da mesma tradição sem a menor variação ou contradição; dessa maneira, é evidente que os filósofos contemporâneos deveriam, em vez de duvidar, considerar o fato como evidente e buscar as causas que poderiam engendrá-lo. Na verdade, a decadência, a corrupção e a dissolução da natureza são eventos supostos prováveis por tantas analogias que qualquer fenômeno tendendo para esta última catástrofe se incorpora ao testemunho humano, especialmente quando este testemunho se acha difundido com bastante uniformidade.

[24] Suponde agora que todos os historiadores que estudam a Inglaterra concordassem com que em primeiro de janeiro a rainha Elizabeth morreu; que ela foi vista antes e depois de sua morte pelos médicos e por toda a Corte, aliás, como é de praxe entre as pessoas de sua estirpe; que o Parlamento reconheceu e proclamou seu sucessor; e que, depois de ter estado sepultada durante um mês, apareceu de novo, voltou a ocupar o trono e governou a Inglaterra por mais três anos. Devo confessar: ficaria surpreso pela confluência de tantas circunstâncias bizarras, mas não teria a menor inclinação para crer num acontecimento tão miraculoso. Não duvidaria de sua pretensa morte e de outras circunstâncias públicas que a seguiram; afirmaria apenas que essa morte foi simulada, que não foi e nem possivelmente poderia ser real. Em vão vós me alegareis a dificuldade e quase impossibilidade de ludibriar a opinião mundial em assunto de tal importância; a sabedoria e o sólido julgamento dessa célebre rainha; a escassa ou nenhuma vantagem que se poderia obter de um artifício tão pobre; todos estes fatores poderiam surpreender-me; todavia, replicarei: a velhacaria e a leviandade humanas são fenômenos tão normais, que prefiro acreditar que os eventos mais extraordinários tenham aí sua origem, a admitir uma violação tão marcante das leis da natureza.

[25] Mas, se este milagre fosse atribuído a um novo sistema religioso, é preciso considerar que os homens, em todas as épocas, têm sido ludibriados por ridículas histórias desse gênero, que precisamente esta circunstância seria uma prova completa da impostura, e suficiente

para levar todos os homens de bom senso, não apenas a rejeitar o fato, mas mesmo a rejeitá-lo sem mais exame. Embora o Ser ao qual o milagre é atribuído seja, neste caso, onipotente, o fato não se torna, por esta razão, nem um pouco mais provável, visto que nos é impossível apreender os atributos e os atos de um tal Ser, senão através da experiência que temos de suas produções no curso ordinário da natureza. Isso nos subjuga às observações passadas e nos obriga a comparar os exemplos de violação da verdade graças aos testemunhos humanos com os da violação das leis da natureza devido aos milagres, a fim de julgarmos qual das duas é mais plausível e mais provável. Como as violações da verdade são mais comuns nos testemunhos concernentes a qualquer outra espécie de fatos, isso deve diminuir bastante a autoridade do primeiro tipo de testemunho e deve nos levar a formular a resolução geral de não lhes prestar nenhuma atenção, mesmo quando protegidos pelos mais plausíveis pretextos.

[26] Lord Bacon parece ter admitido os mesmos princípios de raciocínio. "Devemos", diz ele, "fazer uma coleção ou história particular de todos os monstros, de todos os nascimentos e produções prodigiosas; e, numa palavra, de todas as coisas novas, raras e extraordinárias da natureza. Mas isso deve ser feito com o mais severo exame, para não nos afastarmos da verdade. Sobretudo, deve ser considerado suspeito todo relato que depende em algum grau da religião, como os prodígios de Tito Lívio; e, do mesmo modo, toda coisa que se encontra nos escritores de magia natural, de alquimia, ou em outros autores, que parecem ter tido um apetite insaciável para a falsidade e a fábula"[27].

[27] O método de raciocínio apresentado aqui me agrada bastante, pois, penso eu, poderá servir para confundir os amigos perigosos ou os inimigos disfarçados da religião cristã, que se têm proposto defendê-la mediante os princípios da razão humana. Nossa santíssima religião funda-se na fé, e não na razão; e um método seguro para fazê-la perigar consiste em submetê-la a uma prova para a qual não está de maneira nenhuma preparada para resistir. Visando a

[27] *Novum Organum*, Lib. II, . 29 [N. do A.].

esclarecer essa atitude, examinaremos os milagres descritos nas Escrituras, restringindo-nos – devido à extensão do assunto – aos contidos no Pentateuco; e os examinaremos, de acordo com os princípios desses pretensos cristãos, não como a palavra ou o testemunho de Deus mesmo, porém, como realizações humanas de um simples escritor ou historiador. Frisemos de início que o livro nos foi legado por um povo bárbaro e ignorante, escrito numa época em que era ainda mais bárbaro e, segundo toda probabilidade, redigido posteriormente aos fatos relatados, desprovidos desse modo de qualquer testemunho concordante; assemelhando, ademais, aos relatos fabulosos que cada nação faz de sua origem. As páginas deste livro estão repletas de prodígios e milagres. Descreve-nos o mundo e a natureza humana totalmente diferentes do atual; nossa queda deste mundo; a extensão da vida humana atingindo quase mil anos; a destruição do mundo pelo dilúvio; a escolha arbitrária de um povo eleito pelo céu que é, aliás, o mesmo povo descrito pelos seus compatriotas; sua libertação da escravidão mediante os mais surpreendentes e imagináveis prodígios. Desejaria que alguém colocasse sua mão sobre o coração e, depois de séria consideração, declarasse se julga que a falsidade de tal livro, apoiada por semelhante testemunho, seria mais extraordinária e mais miraculosa que todos os milagres que relata; porque isso é, sem dúvida, necessário para que seja aceito, de acordo com as regras da probabilidade estabelecidas anteriormente.

[28] O que temos escrito sobre milagres pode ser aplicado, sem qualquer modificação, às profecias; e, na verdade, todas as profecias são verdadeiros milagres e é apenas como tais que se pode admiti-las como provas de uma revelação. Se não estivesse acima da capacidade da natureza humana predizer eventos futuros, seria absurdo usar qualquer profecia como argumento em favor de uma missão ou autoridade divina procedentes do céu. De modo que, finalmente, podemos concluir que a religião cristã não apenas foi acompanhada de milagres em seus primeiros momentos, mas mesmo em nossos dias nenhum homem racional pode nela acreditar sem um milagre. A mera razão é suficiente para convencer-nos da sua veracidade; quem quer que, movido pela fé, lhe dá o seu assentimento, está consciente de um milagre contínuo em sua própria pessoa, que

subverte todos os princípios de seu entendimento e o determina a crer nas coisas mais opostas ao costume e à experiência.

Seção XI

Da providência particular e do estado futuro

[1] Há pouco tempo, conversando com um amigo que preza os paradoxos céticos, foram aventados numerosos princípios com os quais não posso de nenhuma maneira concordar; todavia, como esses princípios são curiosos e possuem certas relações com a cadeia de raciocínios desenvolvida ao longo desta investigação, os transcreverei de memória, tão precisamente quanto possível, para submetê-los ao julgamento do leitor.

[2] Nossa conversa iniciou-se ao mostrar minha admiração pela singular sorte da filosofia que – necessitando de irrestrita liberdade acima de todos os outros privilégios e sobretudo florescendo graças à livre oposição de opiniões e argumentos – nasceu numa época e num pais de liberdade e tolerância, e jamais foi oprimida, mesmo em seus mais extravagantes princípios, por quaisquer credos, ideias religiosas vigentes

ou leis penais. Pois, excetuando o desterro de Protágoras e a morte de Sócrates – este último evento se deveu, em parte, a outros motivos – raramente divisamos na Antiguidade exemplos dessa inveja intolerante que tanto infesta a presente época. Epicuro viveu em Atenas até uma idade avançada, totalmente em paz e tranquilidade; os epicuristas[28] eram até admitidos para receberem investidura sacerdotal e oficiarem no altar os ritos mais sagrados da religião vigente. E o estímulo público[29] de pensões e salários era igualmente dispensado, pelo mais sábio de todos os imperadores romanos, aos mestres de todas as seitas filosóficas. Concebemos facilmente que tal gênero de tratamento conferido à filosofia nascente era necessário, se ponderarmos que mesmo atualmente, quando podemos supô-la mais forte e robusta, tolera com muita dificuldade a inclemência das estações e os ventos ásperos da calúnia e da perseguição que sopram sobre ela.

– Admirais – disse meu amigo – como a singular boa sorte da filosofia parece resultar da ordem natural das coisas e ser inevitável em toda época e nação. Esse obstinado fanatismo, que deplorais como tão fatal à filosofia, é na realidade seu descendente, o qual, depois de aliar-se à superstição e apartar-se totalmente do interesse materno, transformou-se em seu mais inveterado inimigo e perseguidor. Os dogmas especulativos religiosos, presentemente motivos de encarniçados debates, não podiam, indubitavelmente, ser admitidos ou concebidos nos períodos iniciais do mundo, em que o ser humano – totalmente ignorante – formava uma ideia da religião mais adequada à sua débil compreensão, construindo desse modo seus dogmas sagrados mais em função de sua crença tradicional do que de sua argumentação ou discussão. Portanto, tendo passado o primeiro alarme engendrado pelos novos paradoxos e princípios filosóficos, parece que esses mestres passaram a viver, mesmo na Antiguidade, em boa harmonia com a superstição existente, comprazendo-se em dividir a humanidade em duas partes: de

[28] Luciano [N. do A.].

[29] Luciano [N. do A.].

um lado, os doutos e sábios e, de outro lado, o homem comum e o ignorante.

– Parece todavia – disse eu – que excluís totalmente a política dessa cogitação e não supondes jamais que um sábio magistrado pode com razão sentir-se zeloso de certas doutrinas filosóficas, como a de Epicuro, por exemplo, que, negando a existência de Deus e, por conseguinte, a providência e o estado futuro, parece afrouxar de modo considerável os laços de moralidade e é por esta razão, supõe-se, perniciosa à paz da sociedade civil.

– Eu sei – retorquiu ele – que de fato essas perseguições nunca procederam, em época alguma, da serena razão ou da constatação das perniciosas consequências da filosofia, mas nascem totalmente da paixão e do preconceito. Mas o que sucederia se eu fosse mais longe e afirmasse que, se Epicuro tivesse sido acusado diante de seu povo por um dos sicofantas[30] ou delatores daqueles tempos, teria podido facilmente defender sua causa e provar que seus princípios filosóficos eram tão saudáveis como o de seus adversários, os quais se esforçavam com tal zelo para expô-lo ao ódio e à intolerância populares?

– Desejo – respondi – que utilizeis vossa eloquência sobre um tema tão extraordinário e façais um discurso a favor de Epicuro que possa satisfazer, não à população de Atenas, se quereis admitir que nessa antiga e ilustrada cidade ela existia, mas ao setor mais filosófico do auditório, pois, como se supõe, seria capaz de compreender vossos argumentos.

– O assunto não seria difícil nessas condições, replicou ele; e se vós quiserdes suporei por ora que sou Epicuro e faríeis as vezes do povo ateniense e contra vós pronunciarei uma tal arenga que encherá toda a urna de feijões brancos e não restará um único feijão preto para satisfazer a malícia de meus adversários.

– Muito bem; peço-vos que procedais segundo essas conjeturas.

[30] Entre os gregos antigos, acusadores daqueles que transportavam figos contrabandeados ou dos que roubavam figos de figueiras consagradas às divindades, por extensão, aquele que apresenta informações falsas, mentiroso. caluniador. [N. do T]

[3] Aqui estou, ó atenienses! Para justificar em vossa assembleia o que tenho sustentado em minha escola, pois encontro-me acusado por adversários furiosos em lugar de inquiridores que raciocinam com calma e sem paixão. Vossas deliberações, que, de direito, devem orientar-se para as questões do bem público e para o interesse da comunidade, estão desviadas para as indagações da filosofia especulativa; e estas magníficas investigações, talvez estéreis, tomam o lugar de vossas ocupações mais familiares, apesar de mais úteis. Mas, na medida em que isso depender de mim, opor-me-ei a este abuso. Não discutiremos aqui acerca da origem e governo dos mundos. Apenas indagaremos em que medida tais questões dizem respeito ao interesse público. E, se puder persuadir-vos que elas são totalmente indiferentes à paz da sociedade e à segurança do governo, espero que imediatamente nos enviareis de volta às nossas escolas, onde examinaremos com calma a questão mais sublime, mas ao mesmo tempo mais especulativa de toda a filosofia.

[4] Os filósofos religiosos, descontentes com a tradição de vossos ancestrais e com a doutrina de vossos sacerdotes – com as quais aquiesço de boa vontade – são atraídos por imprudente curiosidade, quando tentam verificar em que medida podem estabelecer a religião sobre princípios racionais; estimulando desse modo, em vez de satisfazer, as dúvidas originadas naturalmente de uma investigação diligente e penetrante. Pintam, em magnificentes cores, a ordem, a beleza e a sábia organização do universo, indagam, a seguir, se espetáculo tão glorioso da inteligência poderia derivar do concurso fortuito de átomos ou se o acaso poderia produzir o que o maior gênio jamais conseguiu admirar suficientemente. Não examinarei a exatidão deste argumento. Concordarei que é tão sólido como meus adversários e acusadores possam desejar. Contudo, será suficiente que eu possa provar, partindo exatamente deste raciocínio, que a questão é totalmente especulativa e que, quando em minhas investigações filosóficas nego a providência e o estado futuro, não solapo as bases da sociedade, mas formulo princípios que meus próprios adversários, segundo suas próprias doutrinas e se raciocinam consequentemente, devem reconhecer como sólidos e satisfatórios.

[5] Portanto, vós que sois meus acusadores haveis reconhecido que o principal ou o único argumento em favor da existência de Deus – e jamais a coloquei em dúvida – é derivado da ordem da natureza, na qual aparecem tais marcas de inteligência e de desígnio que considerais uma extravagância indicar como sua causa, quer o acaso, quer uma força material cega e descontrolada. Admitis que este é um argumento que vai dos efeitos às causas. Da ordem da obra inferis o que deve haver estado projetado e preconcebido no obreiro. Se não podeis vislumbrar este aspecto, concedeis que vossa conclusão é falha; e não pretendeis formular uma conclusão que extravase os fenômenos naturais que a justifiquem. Estas são vossas concessões. Espero que assinalareis as consequências.

[6] Quando inferimos alguma causa particular a partir de algum efeito, devemos proporcionar uma com o outro, e não devemos jamais atribuir à causa outras qualidades senão as estritamente suficientes para produzirem o efeito. A elevação, sobre um dos pratos da balança, de um corpo de dez onças, pode servir de prova que o contrapeso ultrapassa dez onças, porém não pode jamais fornecer uma razão que ultrapassa cem onças. Se a causa, atribuída a um efeito, não é suficiente para produzi-lo, devemos rejeitar a causa ou acrescentar-lhe qualidades que a proporcionarão rigorosamente ao efeito. Mas se lhe atribuirmos outras qualidades ou afirmarmos que é capaz de produzir outros efeitos, somos desviados por conjeturas e suporemos arbitrariamente – sem base racional ou autoridade – a existência de qualidades e energias.

[7] Idêntica regra é aplicada quando a causa visada é uma matéria inconsciente e bruta ou um ser racional e inteligente. Pois, concordando-se que a causa somente se revela pelo efeito, jamais devemos atribuir-lhe outras qualidades senão as necessárias para produzirem o efeito. Não podemos, mediante qualquer regra do raciocínio correto, remontar da causa e inferir outros efeitos dela, exceto aqueles pelos quais a apreendemos. Ninguém, ao observar apenas um quadro de Zêuxis, poderia supor que ele era também escultor e arquiteto, e era tão bom artífice em mármore

e pedra como em cores. Apenas podemos certificar-nos de que o artista possuía bom gosto e talento, ao revelá-los nas obras que se apresentam à nossa visão. A causa deve ser proporcional ao efeito; e se a proporcionamos com rigor e exatidão, jamais vislumbraremos na causa qualidades designando outras coisas ou propiciando inferência sobre qualquer outro projeto ou realização. Pois as referidas qualidades devem extravasar o que é realmente necessário para produzir o efeito que examinamos.

[9] Concedendo, portanto, que os deuses são os autores da existência ou da ordem do universo, segue-se que possuem grau necessário de poder, de inteligência e de benevolência que aparecem em seu artesanato; todavia, nada além disso jamais pode ser provado, a menos que solicitemos o auxílio do exagero e da lisonja para suprirmos os defeitos do argumento e do raciocínio. Na medida em que aparecem os traços de alguns atributos, podemos concluir que esses atributos existem. A suposição de atributos adicionais é mera hipótese, e ainda mais hipotética a suposição de que em regiões distantes do espaço ou de períodos de tempo tem havido, ou haverá, uma exibição magnífica desses atributos e um esquema de administração mais adequado a essas virtudes imaginárias. Nunca poderemos ascender do universo, o efeito, a Júpiter, a causa; e a seguir descender para inferir um novo efeito dessa causa; como se os efeitos presentes, por si mesmos, não fossem totalmente dignos dos atributos gloriosos que designamos para essa divindade. Já que o conhecimento da causa deriva unicamente do efeito, ambos devem estar exatamente ajustados entre si, e nenhum dos dois jamais pode referir-se a outra coisa ou ser o fundamento de uma nova inferência e conclusão.

[10] Encontrais certos fenômenos na natureza. Procurais uma causa ou um autor. Imaginais que vós as haveis encontrado. Depois ficais tão fascinados desse produto de vosso cérebro, de modo que imaginais que é impossível que ele não produza algo mais grandioso e mais perfeito do que o estado atual das coisas, tão repleto de mal e desordem. Olvidais que essa inteligência e benevolência supremas são totalmente imaginárias ou, pelo menos,

sem nenhum fundamento racional, e que não tendes nenhuma base para atribuir-lhe outras qualidades senão aquelas que vedes efetivamente em exercício e reveladas em suas produções. Fazei, pois, ó filósofos! Que vossos deuses estejam em conformidade com as aparências presentes da natureza e não ouseis alterar estas aparências com suposições arbitrárias para adequá-las aos atributos que vós destinais tão carinhosamente aos vossos deuses.

[11] Quando os sacerdotes e os poetas, apoiados por vossa autoridade, ó atenienses! Falam da idade de ouro ou de prata que precedeu o estado presente de vício e de miséria, escuto-os com atenção e reverência. Mas, quando os filósofos, que pretendem negligenciar a autoridade e cultivar a razão, pronunciam o mesmo discurso, reconheço que não lhes concedo a mesma dócil submissão nem a mesma devota deferência. Pergunto-lhes: quem os conduziu a regiões celestiais, quem os admitiu no concilio dos deuses, quem lhes desvendou o livro do destino para que possam afirmar, com ousadia, que suas divindades têm executado ou executarão um desígnio qualquer que ultrapassa o que efetivamente tem aparecido? Se me dizem que os filósofos têm subido por degraus ou por uma ascensão gradual da razão, e tirado inferências dos efeitos às causas, reitero que eles têm auxiliado a ascensão da razão com as asas da imaginação. Ao contrário, os filósofos não teriam podido modificar desse modo seu modo de inferir e arguir das causas aos efeitos, pois, quando presumem que uma produção mais perfeita que o mundo presente seria mais adequada a seres tão perfeitos como os deuses, esquecem que não têm outra razão para atribuir a esses seres celestiais uma perfeição ou um atributo, senão o que se pode encontrar no mundo presente.

[12] Eis como se explica a origem de toda atividade estéril, visando justificar o aparecimento do mal na natureza e salvaguardar a honra dos deuses, embora devamos reconhecer a realidade deste mal e desta desordem que proliferam no mundo. Dizem-nos que as qualidades obstinadas e indóceis da matéria, a observância das leis gerais ou ainda alguma outra razão semelhante constituíram a única causa controladora de poder e benevolência de Júpiter, obrigando-o a criar a humanidade e a todas as criaturas sensíveis

tão imperfeitas e infelizes. Parece, pois, que de antemão se admitem esses atributos em sua mais ampla acepção. E sobre esta suposição, concordo, podem-se sem dúvida admitir tais conjeturas como soluções plausíveis dos fenômenos do mal. Mas, pergunto ainda: por que tomar por certos esses atributos, por que atribuir à causa outras qualidades que aquelas que aparecem atualmente no efeito? Por que torturais vosso cérebro para justificar o curso da natureza sobre suposições que, pelo que sabeis, podem ser totalmente imaginárias e das quais não se podem encontrar sinais no curso da natureza?

[13] Portanto, as hipóteses religiosas apenas devem ser consideradas como um método particular explicativo dos fenômenos visíveis do universo; mas ninguém que raciocine corretamente jamais ousará fazer inferências, partindo de um só fato, e alterar ou agregar em qualquer aspecto os fenômenos. Se pensais que as aparências das coisas provam tais causas, então vos é permitido tirar uma inferência acerca da existência dessas causas. Em tais assuntos complicados e sublimes, cada um deveria tomar a liberdade de fazer conjeturas e argumentações. Mas aqui deveis deter-vos. Se retrocedeis e, partindo das causas que haveis inferido, concluirdes que algum fato existe ou existirá no curso da natureza e que pode servir para mostrar mais pormenorizadamente atributos particulares, devo advertir-vos que vos haveis afastado do método de raciocínio ligado ao presente tema e haveis com certeza acrescentado aos atributos da causa alguma coisa a mais do que aparece no efeito; de outro modo, não tereis jamais podido acrescentar qualquer coisa ao efeito para fazê-lo mais digno de sua causa, a menos que vos faltasse toda retidão e bom senso.

[14] Onde está, pois, o aspecto odioso desta doutrina que ensino em minha escola, ou melhor dizendo, que examino em meus jardins? Ou então, encontrais em toda esta questão algo dizendo respeito, em qualquer grau, à segurança da boa moral ou à paz e à ordem social?

[15] Eu nego a providência, dizeis, e nego que um governo supremo do mundo orienta o curso dos eventos punindo com desonra e

desespero aos pecadores e recompensando os virtuosos com a honra e o êxito em todos os seus empreendimentos. Mas, com certeza, não nego o próprio curso dos eventos, que está aberto à investigação e ao exame de todos. Reconheço que, na ordem atual das coisas, a virtude é acompanhada de maior paz de espírito que o vício e encontra uma recepção mais favorável pela sociedade. Tenho consciência de que, segundo a experiência passada da humanidade, a amizade é a principal alegria da vida humana e a moderação, a única fonte de tranquilidade e felicidade. Não hesito jamais entre uma existência virtuosa e uma existência viciada, mas tenho consciência de que, para uma mente bem-intencionada, todas as vantagens estão do primeiro lado. Que podeis dizer a mais, admitindo todas as vossas suposições e raciocínios? Dizei-me, com certeza, que esta disposição das coisas procede da inteligência e do desígnio. Mas, mesmo conhecendo sua origem, a disposição em si, da qual depende nossa felicidade ou infelicidade, isto é, nosso comportamento na vida, permanece a mesma. Tenho sempre a possibilidade, como também vós, de regular minha conduta a partir de minha experiência dos eventos passados. E se vós afirmásseis que se se admite a realidade de uma providência divina e de uma justiça distributiva suprema no universo, dever-se-ia esperar alguma recompensa mais particular do bem e a punição do mal, além do curso ordinário dos eventos; encontro aqui a mesma falácia que eu tinha antes tentado captar. Persistis em imaginar que, se aceitarmos essa existência divina, pela qual combateis tão arduamente, podeis seguramente inferir suas consequências e acrescentar algo à ordem experimentada da natureza, arguindo a partir dos atributos que designais aos vossos deuses. Não pareceis recordar-vos que todos os vossos raciocínios acerca deste tema somente podem ser tirados passando dos efeitos às causas, e que todo argumento deduzido das causas aos efeitos deve ser necessariamente um grosseiro sofisma, visto que vos é impossível conhecer algo da causa, salvo o que haveis precedentemente, não por inferência, descoberto totalmente no efeito.

[16] Mas o que deve pensar um filósofo acerca dos que raciocinam de maneira vã, os quais, em lugar de considerarem o aspecto

atual das coisas como o único objeto de sua contemplação invertem todo o curso da natureza, fazendo desta vida mera passagem para outra existência; um pórtico que conduz a um edifício maior e consideravelmente diferente; um prólogo que apenas serve para introduzir a comédia e dar-lhe maior graça e dignidade? De onde, pensais, que esses filósofos podem derivar sua ideia dos deuses? Com certeza, de sua própria invenção e de sua imaginação. Pois, se derivassem a ideia dos fenômenos presentes, ela não revelaria algo adicional, mas deveria estar exatamente adaptada a eles. Admitimos de bom grado que a divindade possivelmente seja dotada de atributos que jamais vimos em exercício; que é governada por princípios de ação que não podemos descobrir se são realizados. Mas trata-se ainda de pura possibilidade e hipótese. Não podemos racionalmente inferir que ela possui atributos ou princípios de ação, a não ser quando os temos visto em exercício e realizados.

[17] Há sinais de uma justiça distributiva no mundo? Se respondeis afirmativamente, concluo que se a justiça se exerce aqui, aqui ela é realizada. Se replicais negativamente, concluo então que não tendes nenhuma razão para atribuir justiça, no sentido em que a entendemos, aos deuses. Se tomais uma posição intermediária entre a afirmativa e a negativa, dizendo que a justiça dos deuses no momento se exerce em parte, mas não em toda a sua extensão, respondo que não tendes nenhuma razão para conceder-lhe uma extensão particular, mas apenas até onde a vedes, no presente, exercer-se no presente.

[18] Desse modo, ó atenienses! Restrinjo a discussão a um breve debate com meus adversários. O curso da natureza está aberto tanto à minha contemplação como à deles. A série de eventos experimentais é o grande critério pelo qual todos nós regulamos nossa conduta. Não podemos recorrer a nenhuma outra coisa, nem no campo de batalha nem no senado. Não se deveria jamais ouvir falar de outra coisa na escola ou em nossas reflexões solitárias. Em vão, nosso entendimento limitado poderia romper estas barreiras muito estreitas para nossa imaginação caprichosa. Ao argumentar a partir do curso da natureza e ao

inferir uma causa particular inteligente, que no princípio pôs ordem no mundo e ainda a conserva, aceitamos um princípio que é ao mesmo tempo incerto e inútil. É incerto, porque o tema está totalmente fora do alcance da experiência humana. É inútil, porque nosso conhecimento desta causa é totalmente derivado do curso da natureza e, por conseguinte, não podemos jamais, segundo as regras do raciocínio correto, remontar da causa para uma nova inferência ou fazer adições ao curso ordinário experimentado da natureza, para estabelecermos novos princípios de conduta e de comportamento.

[19] Observo – disse eu, vendo que ele havia terminado sua arenga – que não desprezais o artifício dos demagogos da Antiguidade, e como haveis querido fazer-me representar o povo, vos insinuastes em meu favor, aceitando os princípios pelos quais, vós o sabeis, tenho sempre expressado uma particular inclinação. Mas, se aceitais fazer da experiência – como penso, com certeza, deveis fazê-lo – o único critério de nosso juízo acerca desta, e de todas as questões de fato, não duvido que seja possível, a partir exatamente desta mesma experiência, refutar este raciocínio que haveis posto na boca de Epicuro. Se haveis visto, por exemplo, um edifício terminado pela metade, rodeado de um amontoado de tijolos, de pedras e de argamassa e de todos os instrumentos de alvenaria, não podereis inferir do efeito que se trata de uma obra devida a um plano e a uma invenção? E não podereis, a partir desta causa inferida, voltar a inferir novas adições ao efeito e concluireis que o edifício estará logo terminado e receberá todos os melhoramentos adicionais que a arte poderá conferir-lhe? Se haveis visto à beira-mar a marca de um pé humano, concluireis que um homem passou por este caminho e que ele também tinha deixado as marcas de seu outro pé, embora elas tenham sido apagadas pelo movimento da areia ou pela inundação da água. Por que recusais então admitir o mesmo método de raciocínio em relação à ordem da natureza? Considerais o mundo e a vida presentes unicamente como um edifício imperfeito, do qual podeis inferir uma inteligência superior, e arguindo a partir desta inteligência superior que não pode deixar nada imperfeito por que não podeis inferir um

esquema ou plano mais acabado, que receberá sua conclusão em algum ponto distante do espaço e do tempo? Não são estes métodos de raciocínio exatamente similares? E sob que pretexto podeis, ao mesmo tempo, aceitar um e rejeitar o outro?

[20] A infinita diferença dos temas – respondeu ele – é fundamento suficiente para esta diferença em minhas conclusões. Nas obras que foram inventadas e fabricadas pelo homem, é lícito passar do efeito à causa e, voltando da causa, formar novas inferências concernentes ao efeito, averiguando as alterações que provavelmente tem sofrido ou que ainda pode sofrer. Mas qual é o fundamento deste modo de raciocinar? Evidentemente este: o homem é um ser que conhecemos pela experiência: seus motivos e seus desígnios nos são familiares; seus projetos e suas inclinações têm certa conexão e certa coerência, segundo as leis que a natureza tem estabelecido para governo de uma tal criatura. Portanto, quando vemos que uma obra procede da habilidade e do trabalho humano, e como por outro lado conhecemos a natureza deste ser animado, podemos tirar cem inferências acerca do que se pode esperar dele; estas inferências estarão todas fundadas na observação e na experiência. Mas se conhecêssemos o homem apenas por uma única obra que examinamos, ser-nos-ia impossível arguir desta maneira, pois nosso conhecimento de todas as qualidades que lhe atribuímos é, neste caso, derivado desta produção; é impossível que estas qualidades possam levar a qualquer coisa a mais, ou que elas sejam a base de uma nova inferência. A marca de um pé na areia pode apenas provar, quando se considera separadamente, que havia uma figura semelhante a ela, graças à qual ela foi produzida; mas a marca de um pé humano evidencia igualmente, partindo de nossa outra experiência, que havia provavelmente outro pé que também deixou sua impressão, embora tivesse sido apagada pelo tempo ou por outros acidentes. Aqui subimos do efeito para a causa; depois descemos da causa, inferimos modificações no efeito; mas não continuamos aqui na mesma cadeia simples de raciocínio. Compreendemos neste caso cem outras experiências e observações sobre a forma usual e os membros desta espécie de ser animado; sem as quais este método de argumentar deveria considerar-se falaz e sofístico.

[21] O caso é diferente para os nossos raciocínios acerca das obras da natureza. Apenas conhecemos Deus por suas produções; é um Ser único no universo, que não é compreendido sob nenhuma espécie ou gênero, de cujos atributos ou qualidades experimentados podemos, por analogia, inferir em Deus um atributo ou uma qualidade. Como o universo manifesta sabedoria e bondade, podemos inferir sabedoria e bondade. Como ele mostra um grau particular destas perfeições, inferimos um grau particular delas precisamente adaptadas aos efeitos que examinamos. Mas não estamos jamais autorizados a inferir ou supor, por quaisquer regras do raciocínio correto, outros atributos ou outros graus do mesmo atributo. Ora, sem uma tal liberdade em nossas suposições, é-nos impossível argumentar a partir da causa e inferir qualquer modificação no efeito além disto que caiu imediatamente sob nossa observação. Um bem maior produzido por este Ser deve provar ainda um grau mais alto de bondade; uma distribuição mais imparcial de recompensas e castigos deve proceder de uma maior relação à justiça e à equidade. Toda suposta adição às obras da natureza acrescenta-se aos atributos do Autor da natureza; e por conseguinte, como não está em nada apoiada por uma razão ou um argumento, não se pode jamais admiti-la, senão como pura conjetura e hipótese.[31]

[22] A principal fonte de equívocos neste assunto e da ilimitada liberdade de conjeturar que toleramos decorre do fato de que tacitamente nos colocamos no lugar do Ser Supremo e concluímos

[31] Em geral, creio que se pode estabelecer como princípio que, se uma causa somente é conhecida pelos seus efeitos particulares, deve ser impossível inferir novos efeitos a partir dessa causa, visto que as qualidades necessárias para produzir estes novos efeitos conjuntamente com os anteriores devem ser diferentes, ou superiores, ou de operação mais extensa que aqueles que simplesmente produziram o efeito, que é a única origem de nosso suposto conhecimento da causa. Portanto, jamais teremos razão para supor a existência destas qualidades. Afirmar que os novos efeitos procedem simplesmente de uma continuação da mesma energia que já é conhecida pelos primeiros efeitos não removerá a dificuldade. Porque, embora aceitando que o caso seja assim (o que raramente pode ser suposto), a própria continuação e realização de uma energia semelhante (pois é impossível que ela seja totalmente a mesma), afirmo que esta realização de uma energia semelhante, em diferentes períodos de espaço e de tempo, é uma suposição muito arbitrária, e que não pode conservar traços dos efeitos dos quais se derivou originalmente nosso conhecimento da causa. Se concordamos que a causa inferida deve ser rigorosamente proporcional, como deveria sê-lo, ao efeito conhecido, é impossível que possa possuir qualidades pelas quais podem inferir-se novos ou diferentes efeitos [N. do A.].

que em todas as ocasiões observará a mesma conduta que nós mesmos, em sua situação, teríamos aceito como razoável e conveniente. Mas, além de que o curso ordinário da natureza pode convencer-nos de que quase tudo se regula por princípios e máximas muito diferentes das nossas, além disso, digo eu, deve parecer evidentemente contrário a todas as regras da analogia raciocinar a partir das intenções e projetos humanos para os de um Ser tão diferente e tão superior a um grau tão alto.

[23] Na natureza humana há certa experimentada coerência de desígnios e de inclinações, de modo que, quando um fato nos permitiu descobrir uma intenção de um homem, pode ser frequentemente razoável, a partir desta experiência, inferir uma outra e tirar uma longa cadeia de conclusões sobre sua conduta passada ou futura. Mas este método de raciocínio não pode jamais intervir em relação a um Ser tão longínquo e tão incompreensível, que tem muito menos analogia com um outro ser do universo que o sol com uma vela de cera, e que apenas se manifesta por alguns traços pálidos ou vestígios, além dos quais não temos nenhuma autoridade para designar-lhe qualquer atributo ou qualquer perfeição. O que imaginamos ser uma perfeição superior pode ser realmente um defeito. Ou, se é no ponto mais alto uma perfeição, atribuindo-a ao Ser Supremo, em caso de não se ter realizado totalmente em suas obras, parece mais adulação e panegírico do que raciocínio correto e sã filosofia. Portanto, toda filosofia do mundo e toda religião, que nada é senão uma espécie de filosofia, não serão jamais capazes de nos levar além do curso ordinário da experiência ou de nos dar regras de conduta e de ação diferentes das que nos fornecem as reflexões sobre a vida diária. Nenhum novo fato jamais pode ser inferido a partir da hipótese religiosa; nenhum evento pode ser previsto ou predito; nenhuma recompensa nem nenhum castigo podem ser esperados ou temidos, além do que já se conhece pela prática e pela observação. De modo que minha apologia de Epicuro parecerá ainda sólida e satisfatória e que os interesses políticos da sociedade não estão de nenhum modo ligados às discussões filosóficas a propósito da metafísica e religião.

[24] Há ainda uma circunstância, repliquei, que, parece-me, haveis omitido. Embora pudesse admitir vossas premissas, devo refutar vossa conclusão. Concluístes que as doutrinas e os raciocínios religiosos não podem ter influência sobre a vida porque não devem tê-la; não considerais jamais que os homens não raciocinam da mesma maneira que vós, mas que tiram muitas consequências da crença na existência de Deus e supõem que a divindade imporá castigos ao vício e concederá recompensas à virtude, além daquilo que parece no curso ordinário da natureza. Não importa se seu raciocínio é justo ou não. Sua influência sobre a vida e sobre a conduta deve ser a mesma. E aqueles que tratam de livrá-los de tais preconceitos podem ser, pelo que eu saiba, bons pensadores, mas não posso considerá-los bons cidadãos e políticos, pois eles livram os homens disto que freia suas paixões e tornam mais fácil e mais segura, em certo modo, a transgressão das leis da sociedade.

[25] Afinal, posso talvez concordar com vossa conclusão geral em favor da liberdade, ainda que sob premissas diferentes daquelas em que tentastes fundamentá-la. Penso que o Estado deve tolerar todos os princípios filosóficos, já que não há nenhum caso em que o governo tenha sofrido em seus interesses políticos devido a esta indulgência. Não há entusiasmo entre os filósofos; suas doutrinas não seduzem bastante o povo; qualquer obstáculo que se oponha aos seus raciocínios é de perigosas consequências às ciências e mesmo ao Estado, abrindo caminho às perseguições e à opressão em assuntos que interessam e tocam mais profundamente à generalidade dos homens.

[26] Mas, em relação – continuei – ao vosso tema principal, ocorre-me um problema que vos proporei sem muito empenho, a fim de evitar raciocínios de natureza muito sutil e complicada. Numa palavra: tenho dúvidas de que uma causa se torne apenas conhecida por seu efeito – o que haveis admitido ao longo deste diálogo – ou que sua natureza, sendo tão singular e particular, tenha correspondência ou semelhança com qualquer outra causa ou objeto que haja caído sob nossa observação. Pois, apenas quando duas espécies de objetos se mostram constantemente ligadas,

podemos inferir uma partindo da outra, mas se se apresentasse um efeito totalmente singular que não pudesse ser incluído em nenhuma das espécies conhecidas, não vejo como poderíamos formular qualquer conjetura ou inferência absolutamente referente a sua causa. Se a experiência, a observação e a analogia são, com certeza, os únicos guias que podemos razoavelmente seguir em inferências desta natureza, tanto o efeito como a causa devem ter uma semelhança com outros efeitos e outras causas, observados em vários outros casos relacionados uns com os outros. Deixo à vossa reflexão pessoal o cuidado de buscar as consequências deste princípio. Destacarei apenas que, tendo os adversários de Epicuro sempre considerado o universo como um efeito bastante singular e incomparável, provando desse modo a existência de Deus, causa não menos singular e não menos incomparável, segundo estas suposições vossos raciocínios parecem, pelo menos, merecer nossa atenção. Há, admito, alguma dificuldade para compreender como podemos sempre voltar da causa ao efeito e como, raciocinando a partir da ideia que fazemos da anterior, podemos inferir uma modificação ou uma adição na última.

Seção XII

Da filosofia acadêmica ou cética

Parte 1

[1] Não há maior número de raciocínios filosóficos desenvolvidos sobre um assunto do que os que provam a existência de um Deus e refutam as falácias dos ateus; apesar disso, os filósofos mais religiosos persistem discutindo e averiguando se alguém pode ser tão cego a ponto de tornar-se um ateu especulativo. Como conciliaremos estas contradições? Os cavaleiros andantes que percorriam o mundo para limpá-lo de dragões e gigantes nunca abrigavam a menor dúvida sobre a existência desses monstros.

[2] O cético – outro inimigo da religião – provoca naturalmente a indignação de todos os teólogos e de circunspetos filósofos.

É, no entanto, evidente que ninguém jamais encontrou uma criatura tão absurda ou conversou com um homem, desprovido de opinião ou princípios sobre quaisquer temas referentes à ação ou à especulação. Apesar disso, é bastante natural indagar: o que se entende por cético? E até que ponto é possível estender esses princípios filosóficos de dúvida e incerteza?

[3] Há uma espécie de ceticismo antecedente a todo estudo e filosofia, bastante recomendado por Descartes e outros, como eficaz proteção contra o erro e o juízo precipitado. Este ceticismo, prescrevendo uma dúvida universal que abrange tanto o conjunto de nossas opiniões e princípios anteriores como também nossas próprias faculdades, de cuja veracidade – dizem eles – devemos assegurar-nos mediante uma cadeia de raciocínios deduzida de um princípio primitivo que não pode ser enganador ou duvidoso. Contudo, não há semelhante princípio primitivo com prerrogativa sobre os outros princípios evidentes em si mesmos e convincentes. Ou, mesmo se houvesse, progrediríamos um só passo além desse princípio, utilizando-nos dessas mesmas faculdades em que, supõe-se, não confiamos? Portanto, se um ser humano pudesse alcançar a dúvida cartesiana – o que é simplesmente impossível – ficaria totalmente incurável, e nenhum raciocínio jamais poderia conduzi-lo a uma situação de segurança e de convicção sobre algum tema.

[4] No entanto, devemos concordar que esta espécie de ceticismo, sendo mais moderada, pode ser aceita como bastante razoável, pois se afigura como atitude prévia e indispensável ao estudo da filosofia, mantendo adequada imparcialidade em nossos juízos e apartando nossa mente de todos os preconceitos adquiridos pela educação e precipitação. Iniciar com princípios claros e evidentes por si mesmos, avançar com passos prudentes e seguros, repassar frequentemente nossas conclusões e examinar rigorosamente todas as suas consequências são os únicos métodos que nos podem levar a aspirar à verdade e lograr uma adequada estabilidade e certeza em nossas conclusões, embora reconhecendo que desse modo nossos sistemas progridem pouco e lentamente.

[5] Há outra espécie de ceticismo, consequente à ciência e à investigação, ocorrendo quando os homens supõem haver revelado a completa falsidade de suas faculdades mentais ou sua incapacidade para enlaçar uma definição rigorosa em todos aqueles temas curiosos da especulação que geralmente os atraem. Certa classe de filósofos chega inclusive a duvidar de nossos próprios sentidos, submetendo ao mesmo tipo de dúvida tanto as máximas da vida cotidiana como as conclusões e os princípios mais profundos da metafísica e da teologia. Manifestando-se tais doutrinas paradoxais – se podem ser denominadas doutrinas – em alguns filósofos e sua refutação em vários, despertam, naturalmente, nossa curiosidade e nos levam a investigar os argumentos sobre os quais estão fundadas.

[6] Não é preciso insistir sobre os argumentos mais vulgares levantados pelos céticos em todas as épocas contra a evidência dos sentidos; tais como os que em várias ocasiões derivam da imperfeição e inexatidão de nossos órgãos: o remo que na água parece quebrado, os vários aspectos dos objetos segundo suas diferentes distâncias, as imagens duplas que surgem pressionando um olho e, em suma, várias aparências de natureza análoga. Em verdade, esses argumentos céticos apenas provam que não devemos confiar totalmente nos sentidos, mas que devemos corrigir sua evidência mediante a razão e considerações derivadas de agentes intermediários – distância do objeto e disposição do órgão sensível – para torná-los, dentro de sua própria esfera, critérios adequados de verdade e falsidade. Há outros argumentos mais profundos contra os sentidos que não são passíveis de solução tão fácil.

[7] Parece evidente que o ser humano, impelido pelo instinto ou tendência natural, confia em seus instintos e admite sempre – sem qualquer raciocínio ou mesmo antes de usar a razão – um universo exterior independente de nossa percepção, que existiria mesmo admitindo-se a nossa ausência e aniquilação, desse modo como a de toda criatura sensível. Inclusive o reino animal se acha regido por semelhante opinião, conservando a mesma crença nos objetos exteriores em todos os seus pensamentos, projetos e ações.

[8] Parece também evidente que, quando o ser humano é impelido por este cego e poderoso instinto natural, supõe constantemente que as próprias imagens reveladas pelos sentidos são os objetos externos, jamais suspeitando que umas não são mais do que as representações dos outros. Desse modo, é levado a supor que esta mesa que vemos branca e sentimos sólida existe, independentemente de nossa percepção, como algo exterior à nossa mente que a percebe. Nossa presença não lhe confere existência, nossa ausência não a aniquila. Conservando, portanto, sua existência invariável e inteira, independente da situação dos seres inteligentes que a percebem ou a contemplam.

[9] Contudo, esta universal e primitiva opinião, aceita por todos os homens, é destruída pela mais superficial filosofia que nos esclarece que nada pode apresentar-se na mente a não ser uma imagem ou percepção, e que os sentidos são apenas as vias de acesso que introduzem estas imagens sem, todavia, o poder de estabelecer qualquer contato direto entre a mente e o objeto. A mesa divisada parece diminuir quando nos afastamos dela; porém, a mesa real, existindo independente de nós, não sofre nenhuma modificação; portanto, não se tratava senão de sua imagem que estava presente na mente. São estas as evidentes exigências da razão, pois ninguém que reflete jamais duvidou que as existências visadas quando nos referimos a esta casa e esta árvore, são simplesmente percepção da mente, cópias fugazes ou representações de outras existências que permanecem invariáveis e independentes.

[10] Portanto, até agora fomos obrigados pelo raciocínio a contradizer ou divergir dos primitivos instintos naturais e adotar um novo sistema sobre a evidência de nossos sentidos. Mas aqui a filosofia se encontra extremamente embaraçada querendo justificar este novo sistema e impedir as cavilações e objeções dos céticos. Visto que ela não pode mais recorrer ao infalível e irresistível instinto natural, pois isto nos levaria a um outro sistema totalmente diverso e reconhecido como falível e até como errôneo. E justificar este pretenso sistema

filosófico por uma cadeia de raciocínios claros e convincentes ou mesmo por qualquer argumento evidente supera o poder de toda capacidade humana.

[11] Através de que raciocínio pode ser provado que as percepções da mente devem ser causadas por objetos externos, totalmente diferentes delas embora lhes assemelhando – se isto é possível – e que não podem nascer da energia da própria mente ou da sugestão provocada por algum espírito invisível e desconhecido, ou de alguma outra causa ainda mais desconhecida de nós? Em verdade, tem-se admitido que algumas dessas percepções, motivadas pelos sonhos, loucuras e outras doenças não derivam de algo exterior. Nada é mais inexplicável do que o modo pelo qual um corpo agiria sobre a mente a fim de transmitir-lhe sua própria imagem.

[12] Constitui uma questão de fato averiguar se as percepções dos sentidos são produzidas por objetos externos que lhe são semelhantes. Como decidiremos sobre este problema?

[13] Com certeza, mediante a experiência, do mesmo modo que em outras questões de natureza análoga. Mas aqui a experiência permanece e deve permanecer totalmente silenciosa. A mente, excetuando-se as percepções, nunca tem algo que lhe é presente, e ele não pode, indubitavelmente, vislumbrar qualquer experiência de sua conexão com os objetos. Portanto, a suposição de tal conexão é desprovida de qualquer base racional.

[14] Trata-se, com certeza, de uma solução imprevista recorrer à veracidade do Ser Supremo, para provar a veracidade de nossos sentidos. Se a veracidade do Ser Supremo se relacionasse com este assunto, nossos sentidos seriam totalmente infalíveis em virtude da impossibilidade que Deus possa jamais nos decepcionar. Não mencionando que, uma vez que o mundo exterior é posto em dúvida, teremos muita dificuldade para fornecer argumentos comprovantes da existência desse Ser ou de alguns de seus atributos.

[15] Portanto, a respeito deste tema sempre triunfarão os céticos mais profundos e mais filósofos quando se esforçam por inserir a dúvida universal em todos os objetos do conhecimento e da investigação humana. Observais – devem dizer – os instintos e as tendências naturais aderindo veracidade aos sentidos? Mas isso não vos persuade a acreditar que o objeto exterior é rigorosamente a percepção ou imagem sensível. Repudiais este princípio optando por uma opinião mais racional que estipula que as percepções são apenas representações de alguma coisa exterior? Apartais desse modo de vossas tendências naturais,. e sentidos mais evidentes; todavia, não tendes possibilidade de esclarecer vossa razão, que jamais pode desvendar argumento convincente derivado da experiência provando que as percepções estão ligadas com os objetos externos.

[16] Há outro tema cético de natureza análoga, decorrente da filosofia mais profunda, que poderia merecer nossa atenção se fosse necessário aprofundar para desvendar argumentos e raciocínios que podem servir com exiguidade a fins sérios. Tem-se admitido universalmente entre os investigadores modernos que todas as qualidades sensíveis dos objetos, tais como duro, brando, quente, frio, branco, preto, etc., são meramente secundárias, e que elas não existem nos próprios objetos, sendo percepções da mente sem nenhum arquétipo ou modelo exterior que elas representam. Se isso é admitido em relação às qualidades secundárias, deve-se também admitir acerca das pretendidas qualidades primárias da extensão e da solidez, já que estas não têm menos direito do que aquelas para merecer esta denominação. A ideia de extensão é totalmente adquirida pelos sentidos da visão e do tato; se todas as qualidades percebidas pelos sentidos estão na mente e não no objeto, idêntica conclusão deve abranger a ideia de extensão que é totalmente dependente das ideias sensíveis ou das ideias de qualidades secundárias. Nada pode livrar-nos desta conclusão, salvo a afirmação de que as ideias destas qualidades primárias são alcançadas pela abstração, opinião que, se a examinamos cuidadosamente, encontramos ininteligível e até absurda. Uma extensão que não é nem tangível nem visível não pode ser concebida; uma

extensão tangível ou visível, que não é nem dura nem macia, nem preta nem branca, está igualmente acima do alcance da concepção humana. Se qualquer pessoa tentar conceber um triângulo em geral, que não seja nem isósceles nem escaleno, e que não tenha extensão específica ou proporção em seus lados, ela perceberá imediatamente o absurdo de todas as opiniões escolásticas sobre a abstração e as ideias gerais.[32]

[17] Dessa maneira, a primeira objeção filosófica contra a evidência dos sentidos ou a opinião sobre a existência exterior preceitua: se esta opinião repousa sobre um instinto natural, é contrária à razão, e se ela se refere à razão, é contrária ao instinto natural e, ao mesmo tempo, não traz consigo nenhuma evidência racional para convencer um investigador imparcial. A segunda objeção vai mais longe e revela esta opinião como contrária à razão; e é, ao menos, um principio da razão que todas as qualidades sensíveis estão na mente e não no objeto. Despojando a matéria de todas as suas qualidades inteligíveis, tanto as primárias como as secundárias, de certo modo vós a aniquilais e preservais somente uma certa qualquer coisa desconhecida e inexplicável como causa de nossas percepções; noção tão imperfeita que nenhum cético a julgará digna de ser objetada.

Parte 2

[1] Destruir a razão mediante argumentos e raciocínios lógicos pode parecer uma tentativa muito extravagante dos céticos; todavia, esta é a principal finalidade de todas as suas investigações e debates. Esforçam-se por encontrar objeções contra os nossos raciocínios

[32] Citamos este argumento do Dr. Berkeley. Na realidade, a maioria dos escritos deste engenhoso autor constituem as melhores lições de ceticismo que se podem encontrar entre os filósofos antigos e modernos, sem excetuar a Bayle. No frontispício do seu livro declara, todavia, tê-lo escrito tanto contra os céticos como contra os ateus e livre-pensadores, o que é indubitavelmente muito certo. Mas que todos os seus argumentos, embora dirigidos a outro fim, são na realidade meramente céticos, pode ser observado pelo fato de que eles não admitem resposta e não produzem convicção. Seu único efeito consiste em causar uma momentânea surpresa, irresolução e confusão, que resultam do ceticismo [N. do A.].

abstratos, como também contra os referentes às questões de fato e de existência.

[2] A principal objeção contra todos os raciocínios abstratos deriva das ideias de espaço e de tempo; ideias que na vida diária e para quem as considera de maneira descuidada são muito claras e inteligíveis, mas quando examinadas pelas ciências profundas – elas constituem o principal objeto destas ciências – revelam princípios que parecem repletos de absurdos e contradições. Nenhum dogma sacerdotal, inventado com o propósito de domar e subjugar a rebelde razão humana[33], abalou tanto o bom senso como a doutrina e as consequências da infinita divisibilidade da extensão, tal como nos são mostradas pomposamente por todos os geômetras e metafísicos, com uma espécie de triunfo e de exultação. Uma quantidade real, infinitamente menor que qualquer quantidade finita, contendo quantidades infinitamente menores que ela mesma, e desse modo por diante ao infinito: eis uma formulação tão audaciosa e prodigiosa que é demasiado pesada para apoiar-se em alguma pretendida demonstração, porque repugna aos mais claros e naturais princípios da razão humana. Mas o que torna o assunto mais extraordinário refere-se ao fato de que estas opiniões aparentemente absurdas estão apoiadas por uma cadeia de raciocínios muito claros e naturais, sendo-nos, pois, impossível aceitar as premissas sem admitir suas consequências. Nada pode ser mais convincente e satisfatório que todas as conclusões acerca das propriedades dos círculos e dos triângulos, e, uma vez que as aceitamos, como podemos negar que o ângulo formado pelo círculo e sua tangente é infinitamente menor que um ângulo retilíneo; que à medida que se aumenta o diâmetro do círculo ao infinito, este ângulo de contato se torna ainda menor, inclusive ao infinito, e que o ângulo de contato compreendido entre outras curvas e suas tangentes deve ser

[33] Qualquer que seja a disputa acerca dos pontos matemáticos, devemos admitir que há pontos físicos, isto é, partes da extensão que não podem ser divididas ou diminuídas, nem pela visão e nem pela imaginação. Estas imagens, portanto, que se acham presentes na fantasia ou nos sentidos, são completamente indivisíveis. Por conseguinte, os matemáticos devem admitir que são menores que qualquer parte real da extensão. Sem dúvida, nada parece mais seguro à razão que um número infinito desses pontos compondo uma extensão infinita. E deve ser ainda mais certo que um número infinito daquelas partes infinitamente pequenas que devem supor-se infinitamente divisíveis [N. do A.].

infinitamente menor que os formados por qualquer círculo e sua tangente, e desse modo por diante, ao infinito? A demonstração destes princípios parece tão irrepreensível como aquela que prova serem três ângulos de um triângulo iguais a dois retos, embora esta última noção seja natural e fácil, ao passo que a primeira está repleta de contradição e absurdo. A razão parece aqui lançada a um estado de assombro e de vacilação que, sem que ela tenha necessidade das sugestões de nenhum cético, lhe ensina a desconfiar de si mesma e do terreno em que pisa. Visualiza uma luz clara iluminando certos lugares, mas esta luz está cercada pela mais profunda escuridão. Entre as duas, a razão fica tão ofuscada e confundida que raramente pode pronunciar-se com certeza e segurança sobre algum objeto.

[3] O absurdo destas conclusões audazes das ciências abstratas torna-se – se isso é possível – ainda mais patente em relação ao tempo do que ao espaço. Um número infinito de partes reais de tempo que se sucedem e se esgotam umas depois das outras parece uma contradição tão evidente que ninguém, cujo juízo, em vez de corrompido, se tenha aperfeiçoado pelas ciências, seria capaz de admiti-lo.

[4] Portanto, é preciso ainda que a razão permaneça agitada e inquieta, mesmo a respeito deste ceticismo para o qual a dirigem estes aparentes absurdos e contradições. Como uma ideia clara e distinta pode conter circunstâncias que a contradizem ou que contradizem uma outra ideia clara e distinta, isto é absolutamente incompreensível, e é talvez tão absurdo como qualquer proposição que se possa formular. De maneira que nada pode ser mais cético ou mais repleto de dúvida e de hesitação que este próprio ceticismo, engendrado por algumas das conclusões paradoxais da geometria ou da ciência da quantidade[34].

[34] Não me parece impossível evitar estas contradições e absurdos se se admite, propriamente falando, que não há ideias gerais ou abstratas, mas que todas as ideias são, na realidade, particulares, aderidas a um termo geral que evoca, em certas ocasiões, a outros particulares que se parecem, em certas circunstâncias, com a ideia presente no espírito. Assim, quando usamos o termo 'cavalo", imediatamente vem em nossa mente a ideia de um animal branco ou preto, de determinado tamanho ou forma; mas como o termo "cavalo" é geralmente aplicado a animais de outras cores, formas e tamanho, estas ideias, embora não estejam agora presentes na imaginação, são facilmente recordadas pelo nosso raciocínio e as conclusões [que fazemos] procedem da mesma maneira, isto é, como

[5] As objeções céticas à certeza moral ou aos raciocínios acerca dos fatos são populares ou filosóficas. As objeções populares derivam da franqueza do entendimento humano; das opiniões contraditórias sustentadas em diferentes épocas e nações; das variações de nossos julgamentos quando estamos doentes ou sadios, na mocidade e na velhice, na prosperidade e na adversidade; da perpétua contradição entre as opiniões e os sentimentos de cada homem particular, desse modo como muitos outros temas deste gênero. Não há necessidade de insistirmos por mais tempo a este respeito. Estas objeções são com certeza fracas. Com efeito, na vida diária raciocinamos a todo momento sobre o fato e a existência e, com certeza, não poderíamos subsistir se não empregássemos continuadamente este gênero de raciocínio, e quaisquer objeções populares que daí decorrem são necessariamente insuficientes para destruir esta evidência. A ação, o trabalho e as ocupações da vida diária são os principais destruidores do pirronismo, isto é, dos excessivos princípios céticos. Estes princípios podem florescer e triunfar nas escolas, nas quais é com certeza difícil, senão impossível, refutá-los. Mas, uma vez que os céticos abandonam as sombras e se defrontam com os mais poderosos princípios de nossa natureza – decorrentes da presença dos objetos reais – que movem nossas ações e sentimentos, seus princípios desvanecem como fumaça e equiparam o mais resoluto cético ao mesmo nível dos outros mortais.

[6] O cético estaria melhor, portanto, se permanecesse em sua própria esfera e desenvolvesse estas objeções filosóficas que nascem das pesquisas mais profundas. Parece que é aqui que ele tem amplo campo para triunfar, pois insiste, legitimamente, que toda nossa evidência a favor de um fato, distanciado do atual testemunho dos sentidos ou da memória, procede totalmente da relação de causa e efeito; que não temos outra ideia desta relação

---

se elas realmente estivessem presentes. Se se admite isto – como parece razoável – conclui-se que todas as ideias de quantidade, acerca das quais raciocinam os matemáticos, não são mais que particulares e semelhantes às sugeridas pelos sentidos e a imaginação e, por conseguinte, não podem ser indefinidamente divisíveis. É suficiente levar isto em consideração, sem desenvolver mais o assunto, o que é decerto coerente com o fato de todos os amantes da ciência não se exporem ao ridículo e ao desprezo dos ignorantes por suas conclusões. Esta parece ser a solução mais fácil de todas estas dificuldades [N. do A.].

senão a de dois objetos que têm estado frequentemente ligados; que não temos argumento para nos convencer de que os objetos experimentados por nós constantemente ligados mostrar-se-ão em outros casos igualmente ligados; e que nada nos conduz a essa inferência a não ser o costume ou um outro instinto de nossa natureza que é difícil de resistir, mas que, como os outros instintos, pode ser errôneo e enganador. Enquanto o cético persiste com estes argumentos, revela sua força, ou melhor, revela tanto sua como nossa debilidade e, ao menos no momento, parece destruir toda segurança e convicção. Poder-se-iam desenvolver extensamente estes argumentos se deles adviessem um bem e um benefício perduráveis para a sociedade.

[7] Eis aqui, todavia, a objeção principal e mais embaraçosa contra o ceticismo extremado: nenhum bem durável pode jamais resultar dele, embora conserve toda sua força e todo o seu vigor. Necessitamos apenas perguntar a um tal cético: Qual é a sua intenção? Qual é o propósito de todas essas curiosas pesquisas? Ele fica imediatamente perplexo e não sabe o que contestar. Um copernicano ou um ptolomaico pode, cada um argumentando a favor de seu específico sistema de astronomia, aspirar a estabelecer entre seus ouvintes constante e durável convicção. Um estoico ou um epicurista desenvolve princípios que não devem ser duráveis, mas que têm efeito sobre a conduta e os costumes. Mas um pirrônico não pode esperar que sua filosofia tenha uma influência constante sobre a mente ou, se ela tivesse, que esta influência fosse benéfica à sociedade. Pelo contrário, deve reconhecer, se quiser admitir alguma coisa, que toda a humanidade pereceria se seus princípios prevalecessem universal e constantemente. Todo discurso e toda ação cessariam imediatamente, e os homens ficariam em total letargia, até que as necessidades da natureza, não sendo satisfeitas, pusessem fim à sua miserável existência. Em verdade, não se deve temer demasiadamente um evento tão fatal. A natureza sempre é mais forte que os princípios. E, embora um pirrônico possa lançar-se a si mesmo ou a outrem em estupefação e confusão momentâneas, em virtude de seus raciocínios profundos, o primeiro e o mais banal evento da vida porá em revoada todas

as suas dúvidas e escrúpulos, e o situará no mesmo nível, com referência à ação e à especulação, aos filósofos de todas as outras seitas e aos homens que nunca se preocuparam com pesquisas filosóficas. O pirrônico, ao ser despertado de seu sonho, será o primeiro a se incorporar ao riso que o ridiculariza e a admitir que todas as objeções não passavam de mero divertimento e não tinham, portanto, outra intenção senão revelar a peculiar condição do ser humano que, devendo agir, raciocinar e crer, não é capaz, pela mais diligente investigação, de se esclarecer sobre o fundamento destas operações ou de remover as objeções que se poderiam levantar contra elas.

Parte 3

[1] Há, na verdade, um ceticismo mais moderado ou filosofia acadêmica, que pode ser ao mesmo tempo durável e útil e, em parte, resultar do pirronismo ou ceticismo extremado, se o bom senso e a reflexão corrigem, até certo ponto, suas dúvidas indiferenciadas. A maioria dos homens têm tendência natural para manifestar suas opiniões de modo afirmativo e dogmático e, como visualizam os objetos sob um único aspecto e como não têm qualquer ideia de argumentos opostos, lançam-se precipitadamente aos princípios para os quais estavam inclinados e não são indulgentes com aqueles que abrigam opiniões contrárias. A dúvida ou a suspeita gera perplexidade em seu entendimento, bloqueia sua paixão e interrompe sua ação. Portanto, impacientes para escapulir de uma situação que lhes é tão desagradável, os homens supõem que unicamente aderindo às afirmações violentas e crenças obstinadas conseguirão afastar-se o bastante dela. Mas, se tais homens que raciocinam dogmaticamente pudessem ter consciência da singular fragilidade do entendimento humano, inclusive em seu estado mais perfeito e quando é mais rigoroso e prudente em suas resoluções, semelhante reflexão os inspiraria naturalmente a ter mais modéstia e reserva, diminuindo a exagerada opinião que têm de si mesmos e seus preconceitos contra os adversários. Os ignorantes devem refletir

acerca da situação dos sábios que, embora usufruindo de todas as vantagens advindas do estudo e da reflexão, se mostram geralmente desconfiados de suas afirmações. E, se algum sábio tende, por seu temperamento natural, à altivez e à obstinação, uma leve tintura de pirronismo poderia abater seu orgulho e mostrar-lhe que as poucas vantagens que obteve sobre seus semelhantes são insignificantes se comparadas à confusão e à perplexidade universais inerentes à natureza humana. Em geral, há um grau de dúvida, de prudência e de modéstia que, nas investigações e nas decisões de todo gênero, deve sempre acompanhar o homem que raciocina corretamente.

[2] Outra espécie de ceticismo moderado, que deve ser vantajoso aos homens e que pode resultar naturalmente das dúvidas e escrúpulos pirrônicos, consiste em limitar nossas investigações aos objetos que mais bem se adaptam à exígua capacidade do entendimento humano. A imaginação humana, sublime por natureza, deleita-se com tudo que é remoto e extraordinário, e ela corre, sem controle, pelas mais longínquas regiões do tempo e do espaço, visando desse modo a evitar os objetos que o costume lhe tem tornado demasiado familiares. Um juízo correto observa um método contrário e, evitando todas as investigações longínquas e elevadas, limita-se à vida diária e aos objetos compreendidos pela prática e experiência cotidianas, reservando os temas mais sublimes ao embelezamento dos poetas e dos oradores, ou à arte dos sacerdotes e dos políticos. Para chegarmos a uma decisão tão salutar, nada pode ser mais útil do que nos convencer de vez da força da dúvida pirrônica e da impossibilidade de que algo pode libertar-nos dela, exceto o forte poder do instinto natural. Aqueles que têm propensão para a filosofia continuarão ainda suas pesquisas, porque refletem que, além do prazer imediato que acompanha tal ocupação, as decisões filosóficas nada mais são do que reflexões sobre a vida cotidiana, metodizadas e corrigidas. Contudo, jamais tentarão extravasar da vida cotidiana, contanto que considerem a impressão das faculdades que empregam, seu alcance reduzido e a imperfeição de suas operações. Visto que não podemos dar uma razão satisfatória por que acreditamos, depois de mil experimentos, que uma pedra cairá ou que o fogo

queimará, podemos esclarecer-nos sobre qualquer resolução que podemos formular sobre a origem dos mundos e o estado da natureza desde a eternidade e para a eternidade?

[3] Com certeza, esta estreita limitação de nossas investigações é, sob todo ponto de vista, tão razoável que basta fazer o exame mais superficial dos poderes naturais da mente humana e compará-los com seus objetos para que nos seja recomendada. Desse modo, localizaremos os respectivos objetos da ciência e da investigação.

[4] Parece-me que os únicos objetos da ciência abstrata, ou da demonstração, são a quantidade e o número, e que todo esforço para estender este gênero mais perfeito do conhecimento além daquelas fronteiras é mero sofisma e ilusão. Como as partes componentes da quantidade e do número são totalmente semelhantes, suas relações tomam-se complicadas e embaraçadas, e nada pode ser mais curioso, como também útil, do que demarcar com vários sinais intermediários sua igualdade ou desigualdade sob suas diferentes formas de aparição. Mas, como todas as outras ideias são claramente distintas e diferentes umas das outras, jamais podemos ir mais longe, nem com a ajuda de nosso mais rigoroso exame, do que observar esta diversidade e decidir, mediante uma reflexão evidente, que uma coisa não é outra. Ou, se há qualquer dificuldade nestas decisões, ela procede totalmente da indeterminação dos significados das palavras que se corrige com definições adequadas. Não se pode saber se o quadrado da hipotenusa é igual ao quadrado dos dois lados, por mais rigorosamente que tenham sido definidos os termos, sem uma sequência de raciocínios e investigações. Mas, para convencer-nos a respeito da seguinte proposição – onde não há propriedade, não pode haver injustiça –, é apenas necessário definir os termos e explicar que a injustiça é uma violação da propriedade. Esta proposição é, em verdade, apenas uma definição mais imperfeita. O mesmo caso ocorre com todos os pretensos raciocínios silogísticos que se encontram em todos os ramos do saber, exceto nas ciências da quantidade e do número. Pode-se, portanto, afirmar com toda segurança, penso eu, que a quantidade e o número são os únicos objetos adequados do conhecimento e da demonstração.

[5] Todas as outras investigações humanas dizem respeito unicamente às questões de fato e de existência; e estas não são, evidentemente, suscetíveis de demonstração. Tudo o que é pode não ser. Nenhuma negação de um fato pode implicar contradição. A inexistência de um ser, sem exceção, é uma ideia tão clara e distinta como a de sua existência. A proposição que afirma que não existe, mesmo se é falsa, não é menos concebível e inteligível que aquela que afirma que existe. O caso é diferente para as ciências propriamente ditas. Toda proposição que não é verdadeira é considerada confusa e ininteligível. A raiz cúbica de certo número é igual à metade de outro é uma proposição falsa e ela jamais poderia ser concebida distintamente. Mas que César, o anjo Gabriel ou outro ser qualquer jamais existiram podem ser proposições falsas e, sem dúvida, perfeitamente concebíveis, e não implicam contradição.

[6] Portanto, a existência de qualquer ser somente pode ser provada mediante argumentos derivados de sua causa ou de seu efeito, e estes argumentos se fundam totalmente na experiência. Se raciocinamos a priori, qualquer coisa pode parecer capaz de produzir qualquer coisa.

[7] A queda de um seixo pode, pelo que sabemos, extinguir o sol, ou a vontade de um homem controlar os planetas em suas órbitas. É unicamente a experiência que nos ensina a natureza e os limites da causa e do efeito e permite-nos inferir a existência de um objeto partindo de um outro[35]. Tal é o fundamento do raciocínio moral que constitui a maior parte do conhecimento humano e que é a fonte de todas as ações e comportamentos humanos.

[8] Os raciocínios morais referem-se tanto a fatos particulares como gerais. Todas as deliberações da vida dizem respeito aos primeiros, bem como todas as investigações da história, da cronologia, da geografia e da astronomia.

---

[35] O ímpio princípio da filosofia antiga: *ex nihilo, nihil fit,* pelo qual ficava excluída a criação da matéria, deixa de ser um principio, segundo esta filosofia. Não apenas a vontade do Ser Supremo pode criar a matéria, mas, pelo que sabemos, a priori, a vontade de qualquer outro ser poderia criá-la, ou qualquer outra causa que a imaginação mais caprichosa poderia designar [N. do A.].

[9] As ciências referentes aos fatos gerais são a política, a filosofia natural, a física, a química, etc., nas quais se investigam as qualidades, as causas e os efeitos de toda uma espécie de objetos.

[10] As ciências religiosas ou teológicas, enquanto visam a provar a existência de Deus e a imortalidade das almas, compõem-se em parte de raciocínios baseados em fatos particulares e, em parte, de raciocínios baseados em fatos gerais. Fundam-se sobre a razão, na medida em que se apoiam na experiência. Mas seu melhor e mais sólido fundamento é a fé e a revelação divina.

[11] A moral e a crítica não são propriamente objetos do entendimento, mas do gosto e do sentimento. A beleza, moral ou natural, é antes sentida que propriamente percebida. Ou, se raciocinamos a seu respeito, e tentamos estabelecer sua norma, consideramos um novo fato, derivado do gosto geral dos homens, ou algum fato análogo que pode ser objeto do raciocínio e da investigação.

[12] Quando percorremos as bibliotecas, persuadidos desses princípios, que destruição deveríamos fazer? Se examinarmos, por exemplo, um volume de teologia ou de metafísica escolástica e indagarmos:

[13] Contém algum raciocínio abstrato acerca da quantidade ou do número? Não. Contém algum raciocínio experimental a respeito das questões de fato e de existência? Não. Portanto, lançai-o ao fogo, pois não contém senão sofismas e ilusões.

Vida e obra do autor

Filósofo e historiador britânico, David Hume (1711-1776) nasceu na Escócia. Sua filosofia – por meio da influência de Berkeley – desenvolveu a doutrina de Locke e chegou a um total ceticismo. Precisamente essa atitude cética seria o ferrão que mais tarde despertaria a Kant do "sonho do dogmatismo".

Oriundo de uma família da pequena burguesia escocesa, no princípio sua família queria que estudasse leis, e inclusive comércio, mas ao final tiveram que deixá-lo livre para seguir o que constituía sua grande ambição: a filosofia. Por aqueles anos a obra filosófica de Locke e as teorias de Berkeley constituíam temas de discussões animadas. Depois de finalizar seus estudos, decidiu viajar para ampliar o horizonte de suas ideias, e assim o encontramos em Flèche (França), onde, à sombra de Descartes, redigiu seu *Tratado da natureza humana* (em 1734 publicou os dois primeiros livros e em 1740 o terceiro), mediante o qual esperava atingir grande fama. Mas esta obra, considerada hoje como seu trabalho mais importante, passou despercebida, apesar do *Compêndio* que publicou em 1740, que tratava de tornar mais claras suas ideias. De sua estadia na França nasceu uma grande amizade com Rousseau que, no entanto, terminou mal. Lutou por uma cátedra na universidade de Edimburgo, mas não conseguiu devido à oposição do ambiente eclesiástico ortodoxo. Voltou à França, dessa vez como secretário do general Saint-Clair. Em 1752, a seu regresso à Grã-Bretanha, foi nomeado bibliotecário na Advocacia de Edimburgo. Entrementes ia reelaborando a matéria do Tratado; nasciam assim *Investigações sobre o entendimento humano (Phylosophycal Essays concerning Human Understanding, 1748)*, que junto com *Investigações sobre os princípios da moral (Enquiry concerning the Principles of Morals - 1751)*, constituirão sua obra mais divulgada. Em 1752 publicou a obra *Discursos políticos*. Escreveu também *Four Dissertations* (1757): a mais importante foi *The natural history of religion*. *History of England* (1754-61), recebida com ataques por todos os setores; *Dialogues concerning natural religion*, publicados postumamente (1779). Morreu em Edimburgo, a mesma cidade onde tinha nascido.

Sua obra

A primeira preocupação de Hume, como Locke, é a investigação em torno das ideias. Como empirista, chega a esta conclusão: tudo o que contém nossa mente são percepções. O grau de intensidade com que estas se manifestam em nossa mente estabelece uma distinção: as percepções poderão ser impressões e ideias. As impressões, percepções básicas, são captadas imediatamente e a elas pertencem as sensações, as emoções e as paixões. As ideias, por sua vez, são cópias ou representações esvaídas das impressões na mente e guardam certa semelhança com as impressões, pois, na realidade, vêm a ser imagens mentais geradas pelas mesmas.

Por outro lado, as impressões também podem ser simples (as que não admitem distinção nem separação) e complexas (aquelas que admitem divisões). Consequentemente também terá ideias simples e complexas. Por exemplo: a impressão que nos causa a percepção de um estalo é uma impressão simples, e a ela se seguirá uma ideia simples. No entanto, ao escutar uma sinfonia, teremos uma impressão complexa (a variedade de notas musicais), que por sua vez, evocará uma ideia complexa. É possível, ademais, distinguir impressões que são sensação, as que provêm dos sentidos externos, e impressões que são reflexão, as produzidas pelo exercício interno da mente.

Com o acúmulo de ideias que é capaz de "criar", assimilar e arquivar a mente, elaboramos o conjunto de pensamentos e raciocínios humanos. A infinidade de ideias, que a mente humana pode elaborar, cabe agrupá-la em três modalidades: relações, modos e substâncias. Por relações, Hume entende todas aquelas associações suscetíveis de comparação, e que são: a semelhança, a identidade, a relação de lugar e tempo, a quantidade, os graus de qualidade em comum para dois objetos, a oposição e a relação causa-efeito. Só quatro dessas relações são capazes de proporcionar conhecimentos verdadeiros: as de semelhança, oposição, graus na qualidade e quantidade ou número. Isto supõe que somente a matemática será capaz de proporcionar conhecimentos verdadeiros. Os modos e as substâncias são agrupações de ideias simples que a imaginação une e às quais se lhes pode atribuir um nome diferenciador.

O que habitualmente se entende como relação de causa e efeito, Hume o explica como a constatação de que um determinado fenômeno segue a outro. Mas nunca experimentamos esse acontecer em sua realidade; simplesmente o vemos. Pretende mostrar assim que a causalidade é uma "relação de ideias" que nos faz notar a contiguidade nos fenômenos. Isto equivale a dizer, em outro sentido, que a ciência sobre os fenômenos naturais está baseada em "crenças" afirmadas em nós pelo costume de observar repetidamente um fenômeno concreto como posterior a outro fenômeno causal. Vêm a ser as verdades de fato, segundo a classificação de Leibniz. Fácil é concluir disso que a ciência experimental tem que se basear na observação. Dessa maneira fica formulado o princípio do empirismo: qualquer pensamento que elabora nossa mente procede da experiência, dado que toda ideia verdadeira procede da impressão.

Já que a ideia de substância não provém de uma impressão concreta, também não podemos possuir a ideia da mesma. A ideia tradicional de substância fica reduzida em Hume a "uma coleção de ideias simples unidas pela imaginação". Só há qualidades e ideias dessas qualidades, como já tinha dito Berkeley; não se dá esse algo mais, a substância, que as suporte. Mas Hume vai mais longe que Berkeley ao negar a validez objetiva do eu, do espírito, o qual não passa de ser um manejo de percepções variadas. Por isso afirmará - e nisso recolherá a ideia de Locke- que se vê obrigado a acreditar no eu, mas sem saber na realidade o que é.

Hume nega a existência de uma "razão prática" e a possibilidade de uma fundamentação racional da ética. O objeto da moral (paixões e ações) não é suscetível desse acordo ou desacordo entre as ideias sobre as quais se baseiam o verdadeiro e o falso. Se a razão não pode ser a fonte do juízo de valor, terá que procurá-lo no sentimento, que surge espontâneo em nós ante ações suscetíveis do que consideramos valoração moral. A análise desse sentimento revela que é uma forma de prazer ou de "gosto". Isso o leva a excluir da moral todo rasto de austero moralismo ou de mortificação da alma ou do corpo, porque o fim da moral é a felicidade e o gozo de viver.

Igualmente duro se mostra Hume ante o problema religioso. Despreza a pretensão das provas da existência de Deus, e nega sua existência apelando ao problema do mal no mundo. A religião tem sua origem no sentimento de medo da gente e na ignorância das causas dos eventos terríveis da natureza. Em seu livro *História natural da religião*, defende uma evolução a partir do politeísmo, até chegar à ideia abstrata da divindade, própria das religiões monoteístas.

Sua obra exerceu grande influência nos iluministas franceses e alemães. Basta recordar a dívida que Kant diz ter contraído com o ceticismo de Hume, identificou seu famoso "acordar do sonho dogmático". Sua influência, no entanto, decaiu, ao menos no continente europeu, por causa das críticas de superficialidade que a filosofia romântica fazia contra o empirismo. Mas seguiu muito viva na Inglaterra e exerceu bastante influxo em Estados Unidos. A verdadeira aceitação histórica de Hume, no entanto, começou no final do século XIX, com a revalorização do Tratado, cujas teses influíram diretamente no neopositivismo.

André Campos Mesquita

Impressão e Acabamento:
Gráfica Oceano